角川総一

【全訂版】世界でいちばんやさしい債券の本

なぜ金利が上がると債券は下がるのか？

JN115332

ビジネス教育出版社

はじめに

いきなりではありますが……。

米中の緊張関係を正しく読むには、債券の基礎知識が必須です。何しろ、中国は米国の国債を大量に保有することで実質的に米国の財政を支えているのですから。

また、世界景気の先行きを読むには、債券利回りの動きについての基礎的な素養がなければなりません。「インフレに対処するために米国は連続的に利上げを行う公算が高く、それを先取りして10年国債利回りが急上昇」といったニュース記事がわからなければ、今後、世界的に不動産市況が悪化、特に新興国の景気が悪化することは避けられないというイメージを持つことは困難です。

つまり、世界の政治バランス、国際経済の動きを把握するには、債券についての基礎知識が必須です。債券の視点なしに世界経済を論じたとすれば、それはとても重要な視点を欠いていると言わざるを得ないのです。

一方、株価あるいはドル・円相場の行方を読むうえでも、つまり時宜を得た投資判断を行なううえでも、長期国債利回りなど債券の動きからは目が離せません。「株式投資、FXを実践する投資家なら、まずは米国の10年債利回りをウォッチすること」とはよく言われることです。さらには、10年国債利回りの動きを観察していれば、長期固定金利型の住宅ローン金利の先行きは簡単に読むことができます。

つまり、債券についての基本的な素養がなければ経済社会が読めないだけではなく、家計レベルでの資産管理を行なううえでもとても重要な視点を欠くことになるのです。

　　　☆　　　　　☆　　　　　☆

　2020年初めから世界を席巻している新型コロナウィルス対策のために、各国は大型の経済支援策を実施していますが、そこでも巨額の財政資金が必要とされました。

　これらの財政資金のほとんどは、各国ともに国債の発行によって賄わざるを得ません。景気が悪化している時には増税するわけにはいかないからです。

　さらには、国際経済、政治上のダイナミズムを見ていくうえでも、債券の存在から目は離せません。世界一の外貨準備を持つ中国が保有する巨額の米国債を売れば、その途端に米ドルは下落、米国の金利は上昇、米国経済は大混乱に陥る可能性があります。

　しかし、その一方では中国が大量に保有するドル建て国債の評価損が巨額に膨れ上がります。そのディレンマを常に抱えている中国の事情を考慮せずに、現在の米中間のパワーバランスを理解することはできないのです。

　にもかかわらず、為替、株式に比べて、債券なり金利への一般の認知度はとても低いと思うのです。なぜでしょう？

　　　☆　　　　　☆　　　　　☆

　理由の1つは、過去30数年の間、私たちは金利とか利回り、あるいは債券を学習する機会に恵まれなかったためです。わが国の金利は期間を問わず、過去に例を見ないきわめて低い水準を続けてきました。

　政策金利（コール翌日物）や預貯金金利は0.1％未満、10年国債だって1％に満たない水準を続けてきたのです。しかも、ほとんどこれらの金利は動きませんでした。「実質的にゼロ」でかつ「動か

ない」となると、金利について学ぶチャンスがなかったのは当然でした。

　こうした金利の低さは、長い歴史を俯瞰しても初めての経験です。記録に残る先進諸国の長期金利でもっとも低かったのは、1610年代の北イタリアはジェノバでの国庫貸し付け金利の1.125％です。20世紀以降に限ってみれば、1929年の米国の10年国債利回りの1.85％です。これらに比べて、現在の１％未満という日本の国債の利回りが歴史的にみてもいかに低いかわかるでしょう。

　このように、金利が極端に低くコントロールされている時期が長く続くと、金利、債券への関心が薄れるのは自然です。しかし、上に述べた通り、債券という金融商品ならびに金融取引が経済社会で果たしている機能には、多くの人が想像する以上のものがあるのです。

　日本経済のこれまでの足取りを理解するにも、債券の基本を踏まえておく必要があります。たとえば、わが国における金利自由化を遡っていくと、昭和50年代からの国債の大量発行に行き着きます。

　昭和40年代終わりにオイルショックに見舞われたわが国の経済は、否応なく低成長経済への転換を余儀なくされました。つまり、原油価格の高騰にともなって生産コストが高騰したため、企業収益や賃金の伸びは、一気に縮小せざるをえなかったのです。

　直接税への依存度が高かったわが国は、所得税や法人税収が大きく落ち込みました。だからといって、歳出規模を縮小するわけにはいきませんでした。急速に少子高齢化社会が進むなかで、社会保障関連費用が年々増大していったからです。そして、この膨大な費用を賄うために歴代の政府がとった手段が、国債の大量発行でした。

昭和50年代の初期といえば、預金などは各行ともに横一線でした。当時の大蔵省（現・財務省）や日銀が金利を規制していたからです。ところが、ここに大量に発行された国債という、金利が自由に動く商品が誕生するに至ったのです。つまりこうです。

　国債は、あらかじめ発行条件が決められたうえで発行されるのですが、その後は金融・金利情勢の変化により取引条件（価格・利回り）が常時変動します。

　つまり、手持ちの債券を売却しようとする力と購入しようとする力のバランスが拮抗するレベルで取引条件が決まるのです。ここで言う取引条件とは価格であり、ここから算出される利回りです。すなわち、ここに金利が自由な商品が大量に出回ったというわけです。

　つまり、預貯金に代表される諸金利すべてが政府、日銀により決定されるという世界で、以上のような特質を持つ債券が自由金利性を主張し始めるなかでは、金利をいつまでも規制しているわけにはいきませんでした。

　わが国の戦後の規制金利は、戦時経済の混乱から脱却するためにとられた措置でした。つまり、預金利率を低い水準に据え置くことにより、繊維、鉄鋼、造船といったその当時の基幹産業に、低いコストで資金を供給するという国策に伴うものでした。ところが、国債が1965年以降本格的に発行されるに至り、国債の取引を通じて預貯金を上回る自由金利が日常的に成立するに至ったのです。

　ここで「預金よさようなら。債券よこんにちは！」となりました。企業、個人は相対的に低位に据え置かれている預金から債券へと、資金をシフトさせたのです。これが、後々の預貯金金利の自由化につながっていくことになります。

さらにもう１つ。ファイナンシャルプランナー試験や外務員試験にも、当然この「債券」についての基礎知識は必須です。しかし、誤解を恐れずに言えば、わたくしがこれらの諸試験の対策用テキストに目を通した限りでは、「こんな（紋切り口上の）説明では、債券の本質などわからないだろうなあ」「これじゃあ、現在の経済社会で果たしている債券の役回りなど理解不能」と思わざるを得ないのです。

　ある意味では、これらのテキストの性格から言ってしようがないことです。何しろ証券外務員にしろ、ファイナンシャルプランナーにしろ、相当広範囲の分野にわたる学習が必要です。個々の分野について丁寧に学ぶことは無理なのですから。

　本書は、以上のような資格試験の債券・金利の分野についてのより丁寧な知識、考え方をマスターするためにも大いに参考にしていただけると確信します。

　本書は2009年に初版を発行、その後多くの方々にご利用いただきましたが、今日までの10数年の間に債券ならびに金利を巡る事情は大きく変化してきました。

　とりわけ特記されるのは、2020年から原油価格や小麦などの食糧価格が異常な値上がりに見舞われ、世界中でインフレ防御のために金利が急激に上昇し始めたことです。

　それから数年を経た現在、世界的な金利上昇が米中の不動産市況を直撃したのに続き、多くの新興国経済が急激に疲弊、さらにはその間の各国ごとの金利の上昇ピッチの違いを受けて為替相場も乱高下しています。これを受け、本書も大幅に加筆修正を行なったうえで刊行することにしました。

全訂版の刊行に際しては、これまでの読者の方から寄せられた
「入り口のハードルをもう少し低く！」というご要望に応え、金利
のごく基礎について説明する序章を設けたのに続き、第1章を大幅
に改組、債券をより身近に感じてもらえるようなテーマを、数項目
にわたり追加しました。

　本書は、債券について予備的な知識がない方にとっても容易に理
解できるような構成・内容になっています。また、ある程度債券に
ついての基礎知識があり、かつ実際に投資している方、あるいは金
融機関で債券業務に従事する方にも十分利用していただけることを
念頭においています。

　本書により、金融商品としての債券の本質ならびに経済社会で債
券が果たしている役割についての理解を深めていただくことができ
れば、これに勝る喜びはありません。

　2024年4月吉日

　　　　　　　　　　　　金融データシステム代表　角川　総一

第3章	債券のゆりかごから墓場まで

第4章	この程度は知っておきたい 債券の投資尺度（初級）

第5章　そもそも金利はなぜ変動するの？

第6章 もう一歩進んだ 債券の投資尺度を考える（中級）

第7章 この程度はマスターしておきたい 金利のデータ

第8章 先物、オプション取引と言っても それほど難しくないよ！

序　章—その1

債券ってなに？

① なぜ債券はとっつきにくい （と人は思う）のか？

　「債券って、なんだかとっつきにくいよね」「価格で示される株式や為替などとは違って、利回りで相場が示されてもどれだけ価値が上がったのか下がったのかがわからないものね」「どんな原因で債券の相場が動くのかもわかりにくいしね」。こんな思いの方は多いと思います。

　わたくし自身も、経済専門紙の記者として債券とか金利を学び始めた20歳代半ばにはそうでしたから、この手の戸惑いはとてもよくわかります。そこで、ここではこんな素朴な疑問（なぜ債券はとっつきにくいのか）に向き合うことから始めようと思うのです。

（1）情報量が少ない

　まず何より、圧倒的に情報が少ない（ように感じられる）。

　株式だと、毎日のように日経平均株価が定時ニュースで報道され、大きく動いた時にはその理由、背景などが解説されます。しかし、債券も毎日いろいろな銘柄が売り買いされ、値段がついているのに、テレビやラジオ、あるいはネットニュースなどではまったく報じられない。日経新聞を除く一般紙ではほとんどみかけません。

　しかも、動いても、せいぜい0.1％とか小数点以下です。だからそれがどの程度の意味があるのか、それがどんな影響力を持つのかがよくわからない。

　つまり債券相場の動きは地味なのですね。しかし、実は動きは小さいように見えて、経済全体に及ぼす影響はとてつもなく大きい。

このことはおいおいお話ししていきます。

　とりあえずここでは、次のような事実を示しておくだけにとどめておきましょう。「へえ、そんな小さな変化でも、私たちの生活や経済全体に与える影響は大きいんだ」ってイメージしていただくだけで結構です。

①30年の住宅ローン金利が2％から2.1％に上がった。4,000万円のローンを組んだ時、30年後までの支払い総額は5,323万円から5,395万円へと72万円もアップします。利子は1,323万円から1,395万円へと5.4％増えます。「0.1％を笑うものは5.4％分泣く」っていうわけです。

②三菱UFJ銀行とか、三井住友銀行といったメガバンクは数十兆円規模の債券を持っていますが、あらゆる債券の金利が0.1％上がっただけで、時価評価額は優に数100億円くらい目減りし、それが直ちにその決算期の利益を減らします。

（2）個人にとり資産運用商品としてなじみがない

　確かにそう。2,000兆円の個人の金融資産のうち株式は200兆円あるのに、債券はせいぜい20数兆円くらい（2023年末）。株だと全世帯の20％近くが保有しているけれど、債券は数％程度。「だから個人にとってはなじみがない」。これも、債券が身近に感じられない理由でしょう。

　しかし実は、これを読んでいるあなたも、間接的には相当の債券を持っているのです。預貯金をしていれば、あるいは厚生年金、企業年金などの年金に加入していれば間違いなく相当の国債を間接的に保有している。そして、その債券の相場いかんで将来あなたが手にする年金給付額は変わってくる可能性があるのです。これは次の

項でお話しします。

(3) 価格と利回りの計算が必要。仕組みが複雑そう

「株価や為替（FX）、金などは価格、相場（レート）で示される
だけなので簡単。特に計算しなくても、どれくらい儲かっているの
かが直感的にわかる。そこへ行くと債券はちょっと？　動きが定量
的に把握できない」

株式だと200円が220円になれば「1割儲かった」とわかる。その
変化が具体的に、直感的にわかります。しかし、債券は基本的に利
回りで示されるので、1％が2％になったといっても具体的にイ
メージできない。「どれだけ変わったの？」「どれだけ儲かったの？
損したの？」がわからないのですね。

これについては第4章以降で説明しますが、ここでは「期間10年
の債券の利回りが1％動けば、価格は100円当たりその8倍くら
い、つまり8円（8％）程度動く」というくらいのイメージでOK
です（いまのように利回りが1％以下という低水準の場合）。

債券の利回り計算では数式を使います。しかし、これはせいぜい
小学校4年生までで習う算数の世界です。四則演算と分数の基本が
わかればOKという世界です。ご安心ください。本書ではこれでも
か！というくらい易しく、かつ優しくお話しします。

(4)「同じ発行者がいくつもの種類の銘柄を発行していて よくわからない」

確かにそう。国債だけでも満期までの期間も違う銘柄がいっぱい
ある。それぞれ1年あたりもらえる利子（クーポン）も違うし利回

りも異なるので、整理がつかない。

　さらには、発行者が国内か国外か、通貨建てはどうか、途中で受け取れる利子の額は変化する銘柄か固定されている銘柄か？

　とにかく属性が多すぎて全体像がつかめない。

　しかしここでは、債券の相場の動きはどの銘柄でも大して変わらない、と一応考えておいて差し支えありません。端的に言うと、普段は、国が発行した期間10年の債券の利回りの動きだけを見ていれば過不足なし、です。その理由についてもおいおい説明していきます。

　「債券ってなんだか面倒」と漠然とイメージしておられる原因は、こんなところだろうと思うのです。

　しかし、これらの疑問は本章〜第1章を軽く読んでいただければ、「なんだ、そうだったんだ」と合点がいくはずです。債券がグンと身近に感じられるはずです。そんなイメージで、以下ゆっくりとお付き合いください。

❷ でも知らないうちに 債券を買っている私たち

　ここでは、まず、債券とは「国や企業などが資金を調達するために発行する借用証書のようなもの」であり「これを買った人は毎年定期的に利子がもらえ」「満期がくると元本が返ってくる」といった程度の理解で OK です。

　さらには、この債券のうち国債の発行残高だけでも1,200数十兆円（2023年12月末現在）と、株式発行額よりもはるかに多いということも同時にイメージしておいてください。当面は、この程度の債券についての知識だけで序章は読み進めていただけると思います。

> 　実は、銀行に預金あるいは年金に加入している人は、例外なく間接的に債券に投資しているのです。もちろん知らないうちに。

　「風が吹けば桶屋がもうかる」ではないのですが、これはレッキとした事実です。

　銀行が個人等から集めた預金は、その多くが一般の企業などに貸し出されています。しかしそれ以外に、銀行はそのお金の一部で国債や地方債、あるいは一般の会社が発行した債券を相当額保有しているのです。

　また、おカネを銀行から借り入れた企業は、これを設備投資や運転資金等に充当していることはもちろんです。が、昨今では、その一部が国債などの投資に向けられている例が多いのです。

　あるいは、個人が債券以外の金融商品を購入したつもりが、その

おカネは回りまわって債券に投資されていたというケースは、そう珍しいことではありません。たとえば投資信託。これは、その名が示すように、集められたおカネ（基金＝ファンド）が株式や債券などに投資されて（運用されて）います。ということは、個人が投資信託を買うと、間接的に債券を買っていることになるのです。つまり、個人が預けたお金は回りまわって、最終的には債券で運用されているというケースは日常茶飯に起こっているのです。

　さらに言えば、私たちが給与などから強制徴収されている公的年金保険料。これは厚生年金として運用されますが、その主たる運用対象資産は国債などの債券です。また、私たちは民間の保険会社に各種の生命保険、年金保険、損害保険などの保険料を支払い、この資産は保険会社によって運用されますが、その運用対象資産のうち重要な位置を占めるのが債券です。

　ということは、意識しているかどうかを別にして、私たちはいろいろなルートを通じて債券に間接的に投資しているのです。しかも、その債券での運用いかんによって、私たちが最終的に受け取る様々な収益、保険金などの金額が変動するのです。

国債は誰が所有しているのか（令和5年9月末（速報））

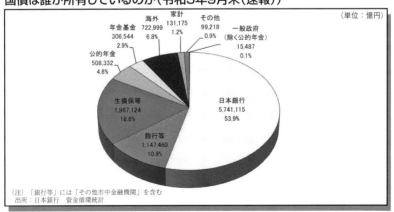

③ 預金は "預ける" 債券は "買う"

　未知の課題・テーマに取り組む時には、すでに知っているものと似たところ、違うところにフォーカスすると理解しやすいものです。ある人の容貌を伝える時には「俳優でいうと○○○さんにちょっと似だけど」「面立ちがもう少しふっくらしているかな」って言ったりする（かな？）。

　債券の本質を知るには、まず「預金とはどこが違うのか」という視点で見るとわかりやすいと思います。

　預金も債券も、ともに広い意味での金融商品です。おカネを預ける側から見ると、いずれも、おカネを銀行や証券会社に一定期間託すことで、一定の利息を得、さらに満期時には元本の払い戻しを受けることが前提になっています。

預金・株式・債券の図

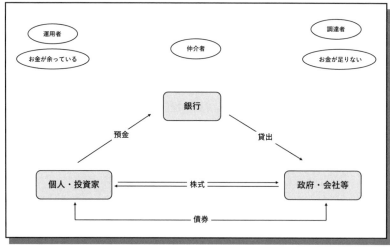

　では、どこが違うのでしょうか。

　預金はいったん銀行がそれを受け入れたうえで、銀行自身の裁量で企業などに貸し出します。つまり、最終的にお金を必要としている者（以上では企業）とお金を提供する者（預金者）との間に、金融機関が介在するのです。これを間接金融と呼びます。

　これに対して債券では、最終的にお金を必要とする企業などへ投資家のお金が直接届けられるというシステムです。これを直接金融と言います。

　「でも、債券は銀行とか証券会社で買うよ」とおっしゃるかもしれないですね。しかしここで銀行や証券会社は、単なる窓口としての役割を果たしているに過ぎないのです。債券を買うために拠出したお金を銀行や証券会社が自由に使えるわけではありません。単なる橋渡し（仲介）をしているだけなのです。

　さてこれを踏まえたうえで、預金と債券の違いを取り上げていきましょう。

（1）「買う」と「預ける」の違いは？

　預金、債券ともに、定められた利息が定期的に受け取れ、あらかじめ決められた期日（満期）がくれば元本（一定の金額）が全額払い戻されるという点では、同じ機能を持つように見えます。

　にもかかわらず、預金と債券は本質的に異なります。それは、預金は“預ける”のに対して、債券は“買う”と表現されることに端的に示されています。

・預ける：金品の保管、人の世話などをまかせる。とりしきらせる。

・買う　：（「替ふ」と同源。交換する意）品物や金とひきかえ
　　　　に、自分の望みの品物を得る。

（「広辞苑」第五版）

　つまり、“預ける”ということは、将来これを返してもらうのが
前提なのに対し、“買う”は金（きん）や株式に投資する場合を想
定すればわかる通り、“売る”ことが前提となっています。

　これは、預金と債券とはまったく性格が異なるものであることを
示しています。すなわち預金のように“預ける→返してもらう”
は、当初元本は保証されたうえで、いくらかの利子が加えられて
返ってくることを意味します。

　これに対し債券のように“買う→売る”場合には、いくらで売れ
るかにより、その運用成果は変わります。場合によっては、払い込
んだ金額が回収できないこともあるのです。

　ただいずれにせよ、債券は買うものである以上、売ることができ
るのが基本です。専門的にはこれを“譲渡可能である”と表現しま
す。

　譲渡可能だからこそ、安心して買えるのです。満期までは換金で
きない商品だと、不意の出費を想定すればとても利用することはで
きません。

(2)「譲渡可能性」は有価証券の特徴

　実は、こうした譲渡可能性という属性は、債券だけではなく、多
くの有価証券の本質的な要素です。最低10年間は保有することが義
務づけられている株券を誰が買うでしょうか。国が発行する10年も
の国債にしても、10年先の満期まで一切換金できないのだと、安心

スーパー定期預金と債券の商品比較

	スーパー定期預金	債券（10年長期国債固定金利型）
取扱金融機関	預金を扱うほぼすべての民間金融機関	証券会社、普通銀行、生損保、ゆうちょ銀行、労金、信用金庫、信用組合、農協等
期間	1カ月〜最長10年間	発行時点では10年。既発債では数日〜10年弱まで銘柄により様々
取扱期間	随時	通常前月下旬から月末くらいまでとされる（払込発行日は原則として10日前後）
最低購入（預入）単位	1円	額面基準で5万円
収益の源泉	利子収益のみ（孫利息）	利子収益＋値上がり益あるいは値下がり損利子を他の商品で再運用可能（孫利息）
利子の支払い	2年ものについては1年目に利息支払い1年以下のものは元利一括払い。個人が3年以上ものを利用する場合、複利運用可	半年ごとに利子の支払いあり
金利改訂時期	原則として毎週月曜日に変更する金融機関が多い（決まりはなし）	毎月（通常10日ごろに入札で発行条件が決まる）
途中換金	原則不可（途中解約利率適用）	随時市場価格で換金（市場での売却）可能
金利の自由度	完全な自由金利（相対で交渉の余地あり）	新発債は既発債を基準に入札で決定（自由金利）。既発債は市場の需給バランスで決定（自由金利）
運用方法	単利。ただし個人が3年以上ものを利用する場合、複利運用可	単利。ただし途中支払利子をMRF等で自動的に再運用する方法（複利運用）あり
担保適格性	預金担保融資可能（総合口座セットで自動融資可能）	有価証券担保融資が可能
収益に対する課税基準	20.315％源泉分離課税	利子は20.315％源泉分離課税、値上がり益、償還差益は譲渡所得として20.315％の申告分離課税

して買えません。

このため、いったん発行された債券は満期以前でも自由に売買できる場が用意されているのです。これが流通市場（しじょう）と呼ばれるものです。

この市場では、日常的にいろいろな債券銘柄が売り買いされています。イメージとしては株式と基本的には同じです。売りたい人は売り、その時の時価で買いたい人（資産を運用したい人）は買うわけです。つまり所有者が入れ替わるわけですね。

こうした仕組みがとられているからこそ、資金の借り手（債券の発行者）が望む資金の調達期間に比べて、資金の貸し手（資金運用者）が運用可能な期間が短くても OK ないのです。

（3）発行者、投資家双方にとってメリット

つまり、満期以前でも自由に売って換金できるという「譲渡可能性」という特性が、債券の発行者、投資家双方にとってメリットとして働いているのです。

一方、債券の多くは定期預金と同じように満期日が定められています。これが "償還期限" であり、この日がくれば債券の発行者は、所有者から債券をいわば買い戻すのです。しかも、買い戻し金額は決められています（通常は債券の券面に記載された金額＝額面金額）。この点は、満期の定めがある通常の定期預金などと同じですね。

つまり、債券は満期まで持って額面金額通りの払い戻しを受けるのも OK、途中で換金しなければならなくなった時でも、その時々の時価で売ってお金を回収できるわけです。

なお、個人だけが買える個人向け国債を途中で換金する時には、

発行者である国が額面で買い取ってくれるというやや変則的な措置がとられています（後述）。

④ 債券は株式とどこが違うか

　企業が資金を調達する手段は、大別すれば3つあります。1つは誰もが思いつく銀行借り入れ。そして2つ目は株式の発行（増資）であり3つ目が債券（社債）の発行です。

　では、この債券と株とはどこが違うのでしょうか？　わかりやすいようにまず投資家の視点から順に。

　債券を語るには、まずは「この点が株式と違う」というポイントを、以下のように押さえておけば格段にわかりやすくなると思います。

（1）情報量が少ない

　前にも触れましたが、テレビの定時ニュースでは判で押したように日経平均株価とドル・円相場は報道されます。ラジオだと、天気予報と交通情報と株価・為替の情報は数時間ごとに流れます。

　しかし、ニュースの枠で債券の売り買い、その相場情報が流れることはまずありません。よほど大きな動きを示した時には「米国の長期金利が急上昇4.6％台に」といったニュースを見かける程度です。

　この理由は簡単。株式は国内だけでも1,600以上もの銘柄が公開・上場されており、多くの個人投資家がその動きに一喜一憂しているから。

　そこへ行くと、債券に直接投資している個人はごくわずかです。しかも株価は短期的にも結構派手に動くのに対して、債券の動きは1日刻みで見る限り、とても小さい。一気に5％も10％も価格が上

がったり下がったりすることはまずありません。

　株式は、その多くがわが国を代表する企業であり、基本的にはそれらの企業業績を反映するものですから、景気のコンディションをよく示しているということでも注目を浴びやすい。債券も実際には景気の影響を反映しているのですが、その理屈がいまひとつわかりにくいのです。

（2）株は価格、債券は利回りで示される

　債券の相場は、原則として利回りで示されます。「0.2％上がって1.6％になった」というように。しかしこのデータだけではほとんどの人は、「それ、いったいどんな意味があるのか」がわかりません。

　そこへ行くと「3万円の日経平均が360円上がった」といえば、「そうか。平均的には1.2％くらい上がったんだな」とわかります。

　これについては、この本を読み進めていただければ、「債券の利回りが1％上がるってことは結構大きなインパクトがあるんだ」ってことがわかってもらえるはずです。

（3）株式は1社1銘柄、債券は複数銘柄の発行が可能

　株式は法人企業が発行するものですが、原則として1社につき1銘柄が発行されるだけ。つまり売買の対象になる銘柄は1つだけです。途中で増資をしても、それは既存のたとえば「トヨタ株」として処理されるだけです。銘柄はあくまで1つ。これに対して債券は、同じ発行者が何銘柄でも発行できます。銀行借り入れと同じようなものだと考えればわかりやすいです。

　ある時に1年間だけお金を借りた。これを①、次に3年間の約束

で100億円のお金を借りた。これを②としましょう。

　その次に、また返済条件が異なる別の銀行から③の借り入れを行なったとします。これら①、②、③は別々の借り入れ案件です。債券もこれと同じことなのです。

　だから、同じ会社が異なった時期に異なった条件で異なる期間の債券（銘柄）を複数発行することは、当たり前に行なわれています。それらを区別するために、「○回○号」というように銘柄回号という通し番号が振られるのです。

（4）業績に左右される株式、業績には関係ない債券

　株は銘柄（会社）ごとに違った動きをします。これは当然ですね。しかし数多くの債券の利回りは原則として一定方向に動きます。これは株と債券の性格の違いによります。

　株は究極的には、その会社の業績そのものを買うものです。だから、業績が各社によってバラバラだと、株価の動きも異なるのは当然です。

　業績がますます好調な株は、人気を集めるために買いが増え、株価は上がります。これは「配当が増える期待」と「会社の資産が増えて１株当たりの価値（＝株価）が上がるのは当たり前」と考えられているからです。

　しかし、発行した会社の業績が多少変化しても、債券の価格には影響を与えないのが基本です。なぜなら、債券の投資家にとっては「業績が上がっても利子が増えるわけはない」のはもちろん「満期の時に返済される金額」も一切変わらないからです。

　つまり、業績がどうであろうと関係なく、投資家が得る収益は決まっているからです。

　もっとも、その業績の悪化があまりにひどい時には「破綻するかもしれない」「その時には元本も返済されないかもしれない」という不安感が広がって、売りが多く出て値段が下がることもまれにあります。

（5）株価の動きはバラバラ、債券利回りはほぼ同じ方向で動く

　債券は満期がくれば額面金額が返済されます。そのため発行者の信頼度が同じくらいなら、相場の動きはほぼ同じ。国が発行する10年国債の利回りが1％上がれば、東京都が発行した10年債の利回りもほぼ同じように上がります。

　もっとも期間が異なれば、利回りの変動幅は違います。一般的には、より期間が長い銘柄のほうが利回りは大きく動きます。ただし、満期まで10年の債券の利回りが上がっているのに、5年債の利回りが下がるなんてことはほとんどありません。

　つまり、株式でいう「（銘柄によって）高安マチマチ」なんていうことは基本的にはないのです。

　端的にいうと、株式は業績を買うもの、債券は満期までの利回りを買うもの、なのです。発行者の信用度、満期までの期間がほぼ同じ債券（銘柄）なら、「どんな銘柄でもOK」なのです。もっとも、細かい条件はいろいろあるのですが、ざっくりしたところではそう理解しておいて差し支えありません。

　満期まで5年の国債、東京都債、トヨタ自動車債、東京電力債があれば、それらはほぼ同じ利回りで取引されているのです。これらの発行者が破綻して利子などが払えなくなるなんてことは、ちょっと考えられませんからね。信用力はほぼ同じだとみなされているからです。

（6）株は配当、債券は利子

　株式はそれを発行した会社の業績に応じて配当が支払われるのが一般的です。このため、投資家から見ると配当の額は約束されたものではありません。場合によっては無配当ということもあります。

　これに対して債券は原則として（一部の債券を除き）、債券を発行する者が定期的に決められた利子を支払うことが決まっています。

　一般的には年に2度に分けて払われます。

　さて、以上のようにみてくれば、これまでなじみがなかった債券についても、だいぶイメージがつかめてきたのではないでしょうか。

（7）発行者にとり、株だとお金を返済する必要はないが、債券はお金を返済しなければならない

　企業が株式を発行（増資）してもそれは自己資本であり、株主に返済しなければならない性格のものではありません。バランスシート（貸借対照表）上では「資本の部」に計上されます。

　これに対して債券では、それを発行したものが原則としてあらかじめ決めた一定の期日がくれば、額面金額通りの金額を返済する義務があります。バランスシートでは「負債の部」に計上されるのです。

　これを投資する側からいえば、株についてはその発行企業に対して「この株を買い取ってくれ」という権利＝請求権はありません。

換金したければ「どうぞ市場で売ってください」というわけ。

　これに対して債券は、満期になれば自動的に額面金額が返済されます。だって、「20○○年▼月□日の償還日には額面金額を払い戻します」と約束しているのですから。

序　章—その2

金利・利回り入門

① 経済社会におけるお金の流れ

　このあたりでそろそろ、債券の仕組みを語らなければならないところですが、ちょっと待って！　その前にまず「債券」の本質である「金利」「利回り」の基礎概念をわかっていただくことにします。そのためにまず、経済社会におけるお金の流れの全体像を示しておきます。

　私たちは労働によって手にいれたお金で、野菜、パソコン、自動車を買い、電車に乗ったりすると、それは企業の売り上げになります。税金として払ったお金は政府に納付されます。

　企業が受け入れたお金は、生産のための原材料などの購入に充てられ、一部は賃金として払われ、また法人税として納められ、株主に配当が支払われ、残りは利益準備金として内部に留保されます。政府が収納したお金は公務員の給与や、社会保険金の支払い原資になり、あるいは各種の公共事業のために使われます。

　こうして、多くのモノ・サービスが生産され、それを個人や企業が買うわけですが、そこではお金が介在します。これがお金の流れを理解する第一段階。

■資金が余っているところからお金が不足しているところへ

　次に、こうしていろんな物品・サービスが売り買いされ、お金が受け渡されるなかで、一時的にお金が余っている者と足りない者が出てきます。企業が設備投資したい、原材料を前もって買っておきたい。でも手元にお金がない。

　あるいは、個人が住宅購入のためのまとまった資金が必要だが、手元にはないといったケースです。政府だと、年金支払いや公共事業を行なうのに税収だけではそれを賄えないのが最近では常態化しています。つまり多くの企業や政府は、誰かからお金を借りなければなりません。

　一方、多くの個人はそれなりの貯蓄を持っています、企業も全体で見ると最近ではお金が余っています。売り上げの一部は余るため、内部留保としてため込んでいるのです。つまり、個人や企業で余ったお金は常に運用手段を探しています。

　ここで、お金が足りない者と運用先を求めている者がお金の貸し借りをする場が必要になったのです。ここで誕生したのが金融市場です。ここまでが第二段階。

■お金がやり取りされる金融市場と金融政策

　そして、この金融市場の中心に位置するのが金融機関です。銀行は企業にお金を貸しています。これが狭義の意味での資金貸借市場です。また、国が発行した債券（国債）を買って政府にお金を貸しています。こうして債券を使ってお金のやりとりが行なわれる場が債券市場です。

　株式市場も金融市場の1つ。ソフトバンクが新しく発行した株式をあなたが買うということは、この市場に参加すること。株を買うっていうのは、ソフトバンクにお金を貸すということですから。この株式の取引は証券会社が仲介します。また、いざとなった時のためにまとまったお金を必要とする個人、企業からお金を集め、事故などがあった時に保険金を支払うという機能を担っているのが保険会社です。

　あるいは、輸入代金をドルで支払わなければならないが手元には

必要なドルが不足している企業は、ドルをふんだんに用意している銀行などからドルを借りなければなりません。これが外国為替取引ですが、これも金融市場で行なわれているお金のやり取りです。

さらには、日銀はこの金融市場にいろんな手段で介入し、市場全体のお金の量をコントロールし、さらにはこの市場で行なわれているお金の貸し借りに伴う金利を直接、間接にコントロールしています。これが金融政策です。

お金の量や金利を操作することで、経済全体をより好ましい方向に誘導する役目を負っているわけです。これが第三段階です。

以上のような様々なお金の流れのなかで金利、利回りが決定的に重要な役割を演じていることはおわかりいただけるでしょう。そう、金利いかんでそのお金の流れが変わるからです。

金利が高くなると、人々は貯蓄を増やして借り入れは減らします。だから、ローンを組まないと買えない住宅の売れ行きが鈍る。米国の金利が上がれば、日本の投資家が米国でお金を運用するために円をドルに換えます。このためドル高・円安になります。

つまり、金利が動くと、お金の貸し借りに関わっている企業や個人をはじめあらゆる経済の担い手の行動が変わるのです。だから、世の中全体のお金の流れを、そして経済の動きを読むうえでは、金利の動きからは目が離せないのです。

② いまのお金と未来のお金との交換条件が金利

お金の貸し借りを巡っては様々なヒト（経済セクター）が登場します。政府（国）があり、金融機関や一般の会社があり、個人があるというように。そして、いろんなお金の貸し借りについて、固有の金利が存在します。

預金金利とは、「お金を借りたい人がいるので貸したいけど、お金が足りないので、だれか貸してくれない？」って銀行が多くの人に呼び掛けている（オファーしている）金利です。

個人向けに発行されている国債の利回りは、国が個人からお金を借りるために支払う金利を表しています。また、クレジットカードローンの金利（手数料）は、個人が「立て替えてお店に払っておいてね。その代わり、それに金利を付けてあとで払うからね」と、カード会社との間で約束しているのです。

■金利は将来のお金を人質にすること

金利の本質を単純にいうと、現在のお金と将来のお金の交換条件です。未来のお金を人質にして、現時点でお金のやり取りをすることだとも言えます。

「いま、お金を借りる」ということは「将来、稼いだお金に利息を付けて返すね」という約束事との交換だといってもいいでしょう。つまり、銀行がお金を貸すということは、借りた人の将来のお金をあらかじめ人質に取っておくということなのです。

これは銀行の貸し出し・個人、企業の借り入れだけではありません。債券を通じたお金の貸し借りも同じこと。あなたが、国が発行

した債券（国債）を買って政府にお金を貸すというのも、国が将来得るはずの税収などを担保に取っているということでもあるのです。

　こんな風にお金の貸し借りがあるからこそ、現在の経済社会は円滑に動いています。もし住宅ローンがなければどうか？　やっとお金をためて住宅が買えるようになったけれど、すでに65歳。そこで住宅を購入したと思ったら70歳で死去、結局5年しか住めなかったなんて冗談にもなりません。

　つまり、いまのお金と将来のお金の交換というお金の貸し借りがあるからこそ、人々は人間らしい暮らしができているわけだし、政府も企業もそれぞれの役割を果たすことができているわけです。

　こうしたお金の貸し借りという仕組みがなければ、パナソニックだってアップルだってこの世には存在していなかったかもしれません。つまり、これらの会社が生産してきた各種家電製品やパソコンなどもなかったかもしれない。当然、私たちの生活のレベルはここまで豊かではなかったのかもしれないのですね。

　これらの企業の創業者の起業意欲に応えて、多くの個人が銀行を経由して、あるいは株式を購入することでお金を貸し付けたからこそ、いろいろな企業・産業が立ち上がったともいえるのです。

　そして、現金や債券を通じてお金を貸す以上、貸している間は自分では使えないのだから、その対価を要求するのは当然です。その対価を表現するものが金利、利回りというわけです。

　さて、その金利の世界の中心に位置するのが実は債券なのです。と、ここでいきなり言われても「？」の人が多いはず。でも次の項以下を順に追っていただければ、「あ、そうだったんだ」ってわかってもらえるはずです。

　現在の経済社会で金利が、そして債券がいかに大きな影響力を
持っているかを、2つ3つもう少しご紹介しておきましょう。

3 経済社会を知る手がかりが「金利」

　経済社会のありさまを理解するには、「金利」というファクターははずせません。たとえば、ある国の金利が高いか低いは、その国のインフレ率ならびに経済成長率ととても密接な関係にあります。インフレ率が高く成長率が高い国、地域はだいたい金利が高いに決まっています。別掲図で見ても、各国のインフレ率は、金利と深い関係にあることがわかります。

　あるいは、わが国が「失われた35年」と評されるくらい長期にわたってデフレ経済に陥った直接のきっかけになったのが、1989年の日銀による公定歩合（その当時の政策金利）引き上げでした。つまり、政策金利を一気に引き上げたため、銀行の貸し出し金利や債券

各国政策金利とインフレ率との関係

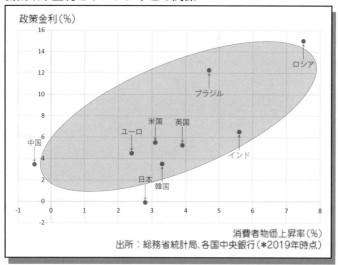

出所：総務省統計局、各国中央銀行（＊2019年時点）

政策金利引き上げが長期デフレ経済の引き金に

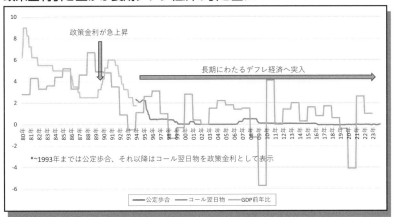

発行金利など各種の金利が上昇し、それが民間企業の借り入れコストを引き上げ、景気を急速に冷やしたのです。

　これがその後の地価、株価の暴落を招き、それが金融危機に発展、さらには今日に至るまでの経済のデフレ化をもたらした要因の1つになったことはよく知られています。

　金利の動き1つで、この経済社会は想像以上に大きく変貌を遂げるのです。もちろんいい方向にも悪い方向にも。つまり、金利はとてつもなく大きな力を持っているのです。

身近な例でみる「金利」の重要な機能

　もう少し身近なところで、金利の変動がいかに私たちの生活に大きな影響を及ぼすかについて、事例をいくつか挙げておきましょう。

　わが国の家計が保有している金融資産は2,000兆円、うち預貯金はおおむね1,000兆円です。現在の預金金利は0.001％。ということは税引き前での年間受け取り利子は100億円に過ぎません。ではこの金利が１％だけ上がったらどうなるか。それだけで家計が受け取る利子は10兆円増えるのです。これは実に消費税４％（年あたり）に相当する金額です。

　あるいは500万円の預貯金を保有していたある家庭にとり、預金金利が"ほんの"１％だけ上がっただけで、年間受け取り利子額は税引き後で４万円増えます。月平均では3,300円。これは一般的な家庭の電気料金の半分近い金額です。

　一方、期間25年の住宅ローンを2,500万円借りる際、金利が２％から３％に上がれば、毎月の返済金額は10万5,963円から11万8,552円に上がり、完済時までの支払い元利合計金額は3,179万円から3,557万円へと増加するのです。「たかだか１％」ではないのです。

　経済社会のなかで「金利」というものがいかに重要な機能を果たしているかがおわかりいただけるはずです。逆にいえば、金利の基本を踏まえていなければ、私たちを取り巻く経済社会を正しく認識できないのです。

　金利が経済社会で果たしている機能を改めて正しく認識すること。このことがいま、あらゆる人に求められています。前述の通り、金利は経済成長率、インフレ率と不可分の関係にあるだけでは

なく、金利は為替を動かし、企業収益を左右し、賃金、失業率を変動させ、それが私たちの生活を直撃します。

　この一連の経済メカニズムを丁寧にたどり、それをできるだけ明晰にイメージするためには、「金利」というファクターからは目を離せないのです。

　ともすれば「金利」と聞いただけで「金利計算」と反応し、「私は苦手！」となる人が少なくありません。しかし、「金利計算」は「金利」を学ぶことのうちごくごく一部の分野に過ぎません。

　本書でも金利計算の入門～初歩程度のお話を取り上げますが、それもせいぜい10数ページと全体の1割以下です。しかもここでは、いずれも小学校4年生くらいの算数ができればOKです。ウソではありません。

⑤ 金利、利回りは資産運用の共通尺度

　金利とか利回りというと、預貯金、債券に固有の収益尺度だというのが多くの人のイメージではないでしょうか？　しかし、資産運用をより総合的に考えるためには、金利、利回りの考え方をもう少し広い視野で把握しておく必要があります。

　資産運用では、お金を寝かして（預けて）おけばどの程度の収益が得られるか、というのがポイントです。これは株式であろうと投資信託であろうと、FX、あるいは不動産投資でも同じことです。では、その投資がどれだけうまくいったのかは、どんな尺度で測ればいいのでしょうか。これは金利とか利回りで測る以外にはないのです。

　100万円で投資信託を買って3年後に110万円で売れた。その間に3回、計1万2,000円の収益分配金をもらった。

　一方、賃貸用アパートの不動産投資で5年目に買値で売却、元本を回収したほか、元本の15％に当たる収益が得られた。

　さてどちらが効率よく運用できたか？

　これを知るためには「1年あたりでは元本の何％の収益が稼げたか」がもっとも適切な尺度であるはずです。

　投資信託では10万円の値上がり益と1万2,000円の分配金が得られたのですから、計11万2,000円。3年間で11万2,000円ですから1年あたりでは3万7,300円。これは元本100万円に対して3.73％です。一方、不動産投資は5年間で元本の15％を稼いだのですから、1年では3％。つまり、投資信託に軍配が上がったというわけです。少なくとも投資効率という視点からみれば、投資信託の方に分があっ

たのです。

■あらゆる資産運用を比較する共通の尺度、それが年利回りだ

一定期間あたり元本に対して何％の収益を生んだか。これが利回りです。そして一番よく使われるのが「1年あたり」です。これを年利回り（年利）と呼びます。特に記されていない時には「利回り」＝「年利」だと考えて間違いありません。

これがわかると、投資信託でも預貯金でも、金への投資でも、どんな資産運用でも「1年あたり元本に対してどれだけ儲かったか」を示す「年利回り」という共通の土俵上で比較するのが一番便利ですね。

株式投資などでは値上がり益だけを問題にしがちですが、これは正しくありません。少なくとも「投資に伴う収益を得るのにどれだけの期間を要したか」を考えに入れる必要があります。

以上でわかる通り、資産運用で利回りを計算する時に必要な要素は①値上がり益と②期中の配当・分配金、利子という2つあることがわかります。このうち①はキャピタルゲイン（値下がりした場合はキャピタルロス）、②はインカムゲインと呼ばれます。

金融商品には、①キャピタルゲイン・ロスだけのもの（金投資）、②キャピタルゲイン・ロスとインカムゲインの両方を併せ持つもの（多くの投資信託、株式・債券投資、外貨預金等）、③インカムゲインだけのもの（預貯金）に分けることができます。

6 金利の初歩

　前項までの説明で、金利がいかに経済社会で大事な役割を演じているかがおわかりいただけたと思います。そこで序章—その2を終えるに際して、金利についてぜひ知っておいてほしいいくつかのキーワードを説明しておきます。

（1）固定金利と変動金利

■固定金利、変動金利とは？

　金利を取り扱うに際して重要なテーマの1つは、「固定金利」と「変動金利」の別です。「金利は、ことごとく変動する」といってしまえば、金利は、すべて変動金利なのですが、現実に用いられている「固定金利」「変動金利」という用語は、

- 固定金利：金融取引が継続している間の適用金利が固定している
- 変動金利：その間に金利一般の上下動に応じて、適用金利が変動する

ことを指すのです。これは、金融商品で資金を運用する場合だけではなく、資金借り入れに際しても極めて重要なテーマです。

■金融機関が取り扱う金融商品の金利は？

　都市銀行、地方銀行あるいは信用金庫などの金融機関の取り扱い預金は、基本的には固定金利商品（ローン商品や変動金利型預金などに一部例外あり）です。

　これに対して、金融取引期間中に金融情勢が変わって、当の金融

商品の利率が変動した場合には、その新たな金利が適用されるという類の金利があります。変動金利型住宅ローンなどがこれに当たります。あるいは、国債の一部に、このような変動金利型の銘柄があります（個人向け国債などは p.88、91で説明）。

■**固定金利型、変動金利型、どちらを選ぶか？**

運用対象商品として、固定金利型を選択するか、それとも、変動金利型を選択するかは、ひとえに今後の金利動向をどう読むかにかかっています。すなわち、

・金利が上昇すると読む→変動金利型を選択
・金利が低下すると読む→固定金利型を選択

するのが基本です。

資金を運用する側に立って考えてみましょう。期間が同じ固定金利商品と変動金利商品があるとします。まず、金利が上昇傾向にあり、しかも、先行きさらに金利が上昇することが見込まれるケースを想定してみます（次ページの図参照）。

現在 A_1 の時点であって、その後、一貫して金利が上昇する場合を考えてみましょう。固定金利商品を選択した場合には、いつまでたっても、元本に対して付利される割合は、金利 a_1 だけです。

これに対して、変動金利商品を選択した場合には、A_1 から A_2 間の期間は、金利 a_1 が適用されますが、A_2 の時点から A_3 の時点までは a_2 の金利が適用されることになります。さらに、その後も $a_3 \rightarrow a_4$ というように、適用される金利が順次上昇していきます。

金利下降期には、逆に固定金利型商品のほうが収益性は高くなります。

以上は、資金を運用する場合の「固定金利」と「変動金利」の選択に関する基本的な考え方ですが、資金調達に際しては、これと逆になることはおわかりでしょう。

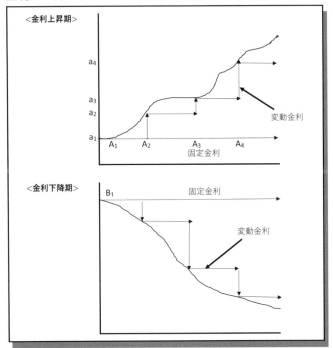

(2) 名目金利と実質金利

■現在は、超低金利時代か？

　唐突ですが、１年スーパー定期預金が0.002％、期間10年の長期国債でさえ１％以下の金利という現在、「超低金利時代」といわれます。

　でも、本当に金利水準は低いのでしょうか？　確かに、絶対水準自体は、いずれも過去最低の水準です。この意味からいうと、確かに「超低金利時代」です。しかし、金利は、その絶対水準でのみ判

断して、"高い""低い"というべきではないという考え方が一方にはあるのです。

■名目金利とは？

「名目金利」とは、文字通りわたしたちが日常茶飯に用いている金利です。普通預金利率の0.001％、1年スーパー定期預金が0.002％などの金利は、ここでいう「名目金利」なのです。

■実質金利とは？

もともと金利とは、おカネの将来にわたる名目上の価値の変化を示すものです。「年利5％の時、100万円は1年後には105万円になる」。これはあくまで名目上のことです。実質的な価値が5％上がったわけではないのです。

なぜなら、おカネの価値は、物価の変動によって大きく左右されるからです。たとえば、名目上の金利がいくら高くても、物価上昇率がそれより高ければ、おカネの実質的な価値は目減りします。つまり、物価を基準にみた場合のおカネの価値は、名目上の金利通りには増えないのです。

このような見方に立つと、物価上昇率を基準にして、金利水準の高低を判断するという考え方は合理的です。これが「実質金利」と呼ばれるものです。

たとえば、名目上の預金金利が5％で物価の上昇率が3％の場合には、実質金利は2％でしかありません。つまり、100万円を預金すれば、1年後には105万円になるのですが、100万円のモノは1年後には103万円になっています。ということは、預金の実質的な価値は2万円分増えただけなのです。つまり、預金の実質金利は「2％」だというわけです。

同じく名目上の預金金利が5％であっても、物価上昇率が8％であれば、「実質金利」は、マイナス3％となり、預けたおカネの実

質的な価値は３％減ってしまうことになります。

　つまり、預貯金などの貯蓄あるいは投資によって実質的に金融資産がどの程度増えるのか、あるいは減るのかを考えるには、「実質金利」の考え方が必要になるのです。これが、預金の目減りあるいは目増えというテーマです。

　実質金利は名目金利からインフレ率を引くことで求められます。

実質金利＝名目金利－インフレ率

　極端にいうと、インフレ率がマイナス10％というなかで銀行の預金金利が１％であった場合、「預金利率は低いから預金はしない」と考えるでしょうか？　そうはならないでしょう。

　預金の名目金利が１％であっても、物価が年10％下がるのであれば、１年後にはその預金の実質的な価値は11％も増えているのですから。つまり、わたしたちは、お金を預ける、あるいは運用する時の金利、利回りは物価上昇率との見合いで判断しているのです。

　これは特に、企業がお金を借りる時にはとても重要な指標です。借り入れに際しては名目金利ではなく、むしろ実質金利の高低が判断基準になることが多いからです。

第1章

·
·
·
·
·
·
·
·
·
·
·

債券初めて物語

1 私の知人が債券を発行した

　さて、このあたりで、そもそも債券とは何か、について説明を始めなければなりません。ここでは、できるだけ債券を身近に感じてもらいたいので、ちょっとしたエピソードから始めます。

　もし、あなたが何らかの商売を行なっており、突然降って沸いた資金ショートをカバーするために銀行に駆け込んだものの、相手にしてくれないとすれば、どんな手段があるでしょうか。

　市町村の緊急貸し付けの適用も受けられず、手持ちの金融資産もなく、はたまた担保に供すべき不動産もないとすれば……。

　以下、私の身の回りで実際にあった事例を多少デフォルメして、債券の本質を語ることから始めましょう。

　付き合いのあったある有機農法野菜を売り物にしている千葉県○○市の八百屋さん。

　もともと、こうした仕事についている人は、あらゆるものを金銭に換算してその価値観をはかるというカルチャーは持っていないのが普通です。平たく言うと、儲けるためにその職業を選択したのではないケースが多いのです。

　そこで、金銭的に余裕のある生活をしている人は多くない、というのが私のこれまでの印象です。ともあれ彼の家ではどういうわけか、20歳を越した長男から数えてまだ1歳にも満たない赤ちゃんまで、子どもが実に6人もいたのです。

　だいぶ前のことです。彼の店がどうしても金銭のやり繰りがつかず、銀行に200万円の追加融資を頼んだのですが、断られたのです。理由はわかりません。おそらく銀行が納得するだけの経営（改

善）計画が提出できなかったのでしょう。

　で、彼はどうしたか。私設の債券を発行することにしたのです。

　手続きは簡単。画用紙を買ってくる。これで11枚のカードを作成します。カードは２種類。表面に100万円と金額が記載されているカードが１枚、10万円のカードが10枚です。

（1）こうして手製の債券作成

　カードには「表面利率（クーポン）が４％（毎年、額面金額の４％分を品物で支払う）」ならびに「期間は２年（平成○年○月○日満期）」「価格は98万円（額面100万円）」と記載されてあったはずです（たしか子どもの色鉛筆を使ったことが見て取れる手書きの文字だった記憶があります。見本に残しておけばよかったですね。残念！）。

　で、実際には私は90万円分を引き受けたのですが、わかりやすいように100万円券を引き受けたとしましょう（実際には私が引き受けた以外の券は、彼が幌付きのトラックで引き売りをしていたお馴染みさん何人かに引き受けてもらったと言っていました）。

　つまり、私は98万円を払い込むことで、この「100万円券」を引き受けたのです。

　これを手にした私は、１年目に４万円分の味噌、自然塩、野菜、冷凍肉、米などの支払いを受けました。そして、ちょうど２年目にも同じく４万円分の利息相当分を現物で支給されるとともに、券面に記載された金額通りの100万円をキャッシュで受け取ったのです。これではい、おしまい！

　以上が債券の基本です。つまり、彼は98万円のお金を私から調達するために、私設の債券を発行したわけです。以下、100万円券を

○○商店債券
額面 **100万円**
価格98万円
満期 平成○年○月○日 （2年債）
クーポン **4万円** （4%）　平成○年○月○日利払
クーポン **4万円** （4%）　平成○年○月○日利払

　1枚だけ私だけに発行した場合で考えます。

　ここではまず、彼にとっての資金調達コストを考えてみましょう。98万円を調達し、2年間に8万円相当の現物（商品）を私に支払い、さらに2年後の満期に100万円を返したのです。

　つまり彼にとっては「入りが98万円」「出が108万円（利子が8万円分プラス元本返済が100万円）」。すなわち差っ引き10万円が、この借り入れを行なうに際してのコストです。すなわち、1年間あたり5万円です。そして、この5万円は調達金額である98万円に対して5.10%です。

　一方、これを購入、引き受けた私にとってはどうでしょうか。以上とまったく同じです。98万円の投下元本が1年あたり5万円の収益を生んだのですから、運用利回りも5.10%。これで、とりあえず債券のコストならびに収益性の基本の基本はおしまい。

　さてここで、債券の特質について大切なことを3つ取り上げておきましょう。

(2) 表面利率≠預金の利率

　まずは債券についての初心者が陥りがちな点が１つあります。それは、

> 「表面利率（クーポン）４％（毎年、額面金額の４％分を品物で支払う）」

という下りです。

　預金利率という観念しかない人は、この表面利率という概念にちょっと戸惑うかもしれませんね。

　なぜなら、預金などにおける利率とは「預けた（あるいは払い込んだ）金額に利率を掛けたものが、利息あるいは利子として受け取れる」と理解されているからです。

　利率が４％の預金に98万円を預ければ次のようになります。

> 〈預金の場合〉
> 預け入れ金額 × 利率　＝年間受け取り利息
> （98万円）　×（４％）＝3.92万円

　しかし、以上の債券はそうではありません。

　「98万円払い込めば100万円と券面に記載されてある債券が手に入る」

　「そして、その100万円の４％に相当する４万円が毎年受け取れる」

ということなのです。

〈債券の場合〉

預け入れ金額（購入金額）→券面記載金額（額面）×利率

（98万円）　　　　　　　→（100万円）　　　×（４％）

＝年間受け取り利子

＝４万円

　つまり、債券における利率とは「券面の表面に記されている金額に、利率を掛けたものが利子として受け取れる」という意味なのです。このため、債券の利率は「表面利率」と呼びます。つまり「表面」に記されている金額に対する「利率」というわけです。

　利子は、「預け入れた金額（購入金額）」に対して掛けられるのではなく、「券面の表面に記載されている金額」に掛けて求められる、のです。

■必ずしも98万円、４％でなくてもよかった

　現実には彼は先ほどのようなタイプの債券を発行したのですが、同じ２年間だけ資金を調達するに際して、実は以下のような仕組みの債券を発行してもよかったのです。

　同じく100万円券を例にとれば、「クーポン（表面利率）はなし（ゼロ）」「満期は２年」そして「発行金額は90万円」というようにです。こうすれば、最初に調達できる金額は90万円に減少しますが、途中で年間４万円分の支払いは必要なかったのです。

　この場合、債券の発行者である彼から見れば、90万円を調達して２年後に100万円を返済する訳ですから、調達コストは5.56％で、前出の債券とさほど変わりません。

　あるいは、どうしても98万円のおカネが必要であったのなら、満期に払い戻す金額（すなわち額面金額）を108万円とし、この発行

価格を98万円に設定すればよかっただけのことです。途中での現物支払いはなし、です。

　こうすれば彼は、98万円を受け入れて最終的には108万円を支払うのですから、1年当たりの資金調達コストは前述と同じく5.10％となります。もちろん、これを私が買った場合にも同じく資産運用利回りは5.10％です。

　このことは、債券では（ほぼ）利回りが同じであってもいくつかのバリエーションから選べることも意味します。

（3）債券は原則として途中で譲渡可能

　債券の基本的な仕組みは以上で言い尽くされていますが、現実に存在する多くの債券についてみた場合、大事な要素が1つ欠けています。

　それは、私が引き受けた債券は満期まで私が保有した（するのが当たり前）として説明されている点です。これでは、債券が本来持っている重要な要素を説明しないままに終わってしまうことになります。

　実際の債券では、満期を待たずに私はこの債券を他者に譲渡（売却）することができるのが原則です。よほど特殊な債券でないかぎり、債券は満期以前に他者に自由に譲渡（＝売却）することができます。

　通常の金銭消費貸借にかかる借用証書だと、これを持っている人（資金の供給者＝資産運用者）は、これを他者に譲渡することは原則としてできません。これが、借用証書と債券とを区別するとても大事な要素です。

　最初の例でいうと、彼が発行した債券の裏面に以下のような条文

を記しておくことも可能だったのです。

① 「途中でお金が入り用になった時には、自由にほかの第三者
　に譲渡できる」
② 「そしてその場合には、譲渡先の人の氏名、住所、電話番号
　を発行者に通知すること」
③ 「譲渡に際しての条件は双方で自由に決めてもらっていい」

　このような明文規定があれば、私は当初引き受ける時、多少なり
とも安心感は大きかったはずです。こうした条文がなければ、満期
までは換金できないことになるからです。途中で不意の出費の可能
性があるケースなどを想定すれば、こうした条文があったほうが安
心です。
　実は、こうした譲渡可能性という特性は、債券だけではなく、多
くの有価証券が備えている本質的な要素なのです。最低5年間は保
有することが義務づけられている株券を誰が買うでしょうか。ある
いは、国が発行する10年国債にしても、10年先の満期まで売れない
なんてことだと、誰がこれを安心して引き受ける（買い付ける）こ
とができるでしょうか。
　投資信託についても同様。満期が5年であってもいつ急に資金が
必要になるかもしれません。そのような場合、一切換金できない
（譲渡不能あるいは換金不能）であれば困ってしまいます。
　すなわち、多くの有価証券は満期が定められていても、いつでも
自由に換金、あるいは他者に譲渡できるのが原則なのです。
　債券にあっても同様。このため、資金の借り手（資金調達者）が
望む資金の調達期間に比べて、資金の貸し手（資金運用者）が運用
可能な期間が短くても差し支えないのです。つまり、譲渡可能性と

いう特性が、債券の発行者、保有者双方にとってメリットとして働くのです。

そこで、いったん発行された債券が満期以前に自由に売買できる場が用意されているのです。それが流通市場と呼ばれるものです。この市場では、日常的にいろいろな債券銘柄が売り買いされています。個別銘柄ごとの需給バランスに応じて、価格などの取引条件が決まります。これは上場株式と基本的には同じです。

（4）債券は、同時に同一条件で多数者から資金を調達できる

さらに債券が一般の借用証書と異なる点があります。

前述の例では、私が100万円の券面を引き受けた（購入した）というストーリーでしたが、実際には100万円券1枚と10万円券10枚発行したのです。この場合、これらの11枚の債券については、いずれも利率、満期償還日、発行価格などの条件は同一です。

つまり、多くの人から同じ条件で資金を調達することになります。これは明らかに借用証書と異なる点です。借用証書とは違って、「同時に同一条件で多数者から資金を調達できる」のです。その点で言えば、借用証書は基本的には1対1の取引です。これに対して債券は広く、多数者から一度にまとまった資金を調達することが容易にできるのです。

資金を供給する側から見れば、1人あたりの資金負担額は少なくてすむのです。

■特定少数か不特定多数か

ところで、先ほどの例では八百屋の主人はあらかじめこの債券を引き受けてもらう先を想定していました。トラックでの引き売り先のお馴染みさんです。こうした債券が非公募債、あるいは縁故債、

私募債と呼ばれるものです。

　これに対して、彼が自分の店先に債券発行ののぼりを立て、一見（いちげん）の客あるいは通りすがりの人に対してもこの債券を広く売りさばくという方法をとったのなら、これは公募債と呼ばれます。いままで一度も商売で付き合いのなかった見も知らぬ多くの人に、この債券を売りさばく（引き受けてもらう＝買ってもらう）ことになります。

　もちろん私たち個人が現実に購入している債券は、公募債です。個人向け国債もそう、あるいは電力会社や商社あるいは銀行などが発行している社債なども公募債です。

　詳しい仕組みは後述しますが、現実の債券では発行者自らがこれを売りさばくのではなく、多くの場合、銀行や証券会社などの金融機関に依頼して売りさばいてもらう例が一般的です。

　たとえば、新たに発行される国債だと、古くから証券会社がこれを販売していますし、1985年から銀行などの金融機関が、さらには1988年からは郵便局（現ゆうちょ銀行）でも国債の販売を取り扱っています。

なぜ債券は金利の代表選手の ような顔をしているのか？

　この見出しに「ン？」「債券って……代表選手なの？」となった 方も多いと思います。

　何しろ本書は、これまで債券の学習にチャレンジしたものの、途 中で「だめだ」となった初学者をイメージしたうえでお話ししてい るのですから（失礼！）。

　実は、あらゆる金利のなかの代表格が実は債券の利回りなので す。もう少しいうと、国が歳入不足を埋めるためにほぼ毎月コンス タントに発行している期間10年国債の利回りが、日本の金利の最先 端を切って走っている。こんなイメージをお持ちください。

　実際、ニュース報道、解説などで「日米金利」とか「米国の金 利」とあれば、多くの場合、それは「債券の利回り」を指している のです。

　たとえば、次のような記事はいずれも政府が発行した10年国債の 利回りの動きについて報じている記事です。特に2021年ごろから は、世界的で物価が本格的に上昇し始めたため、各国の金利もそれ に連れて、どんどん上がっていっていました。（インフレの時には 債券利回りが上がる理屈などは第5章で詳述します）

【米国市況】国債軒並み下落、利回りがハイテク株圧迫ードル131円前半
　「今週の米国債市場は今年最悪の相場展開となった。（中略）10年 債利回りは3.75％近辺に急伸。（中略）S＆P500種株価指数は、10 日は小幅高で引けたが、週間では昨年12月以来の大きな下げとなっ た。」（出典：「【米国市況】国債軒並み下落、利回りがハイテク株圧

迫－ドル131円前半」（Bloomberg　2023年2月11日）

もし日銀が利上げしたら日経平均はいくら下落するか

　長期金利は（中略）ついに1月13日に上限の0.5％を一時超えた。（中略）日本の金利急上昇を受けて為替市場は円高で反応した。（中略）長期金利がさらに上昇した場合（中略）日経平均は理論上2万4,616円まで1,504円下落する計算だ。（出典：「もし日銀が利上げしたら日経平均はいくら下落するか」（ニッセイ基礎研究所　主席研究員　井出 真吾　2023年1月16日）

　いずれの記事も金利の上昇は為替相場を揺さぶり、また株価に対してもとても大きな影響力を持っていることを示しています。もちろん為替相場や株価の変動は、直ちに景気に影響を与えることは言うまでもありません。

　ここで登場した金利はそろって債券、もう少しいえば「10年の国債利回り」です。このことは、あらゆる金利のなかでのトップランナー、金利の代表が債券の利回りであることを示しています。
　株式、FXの投資家はいうに及ばず、景気をウオッチしている人であれば最も重要なシグナルとして、この国債利回りを日常的にチェックしています。
　逆に言えば、この利回りの動きを常に視野に入れておかなければ、株価の予想だけではなく、為替さらには景気動向を読めないと言い切っていいのです。なぜでしょうか？

（1）あらゆる金利に先んじて動く

　まずは、あらゆる金利のなかで最も先行して動くためです。ほかの多くの金利＝たとえば預貯金金利や貸し出し金利、あるいは日銀がコントロールしている政策金利（コールレート＝この説明はp.194〜で話します）などの動きよりも明らかに早い。

　つまり、これから預貯金、貸し出し金利などがどの方向にどの程度動くかを、いち早く知らせてくれるのです。なかでも、日々最も頻繁に売買されている期間10年の国債利回りが、あらゆる金利の先頭を切って走っています。そのあたりの事情は改めて p.226〜で詳しく説明しますのでご安心ください。

　「預貯金金利などよりも早く動く」ということは、債券の利回りを見ていればおのずから、預貯金、貸し出し金利などの先行きを予想できるということでもあります。

　たとえば、家計の運営に重大な影響を及ぼす住宅ローン金利。この金利の先行きを読むには、基本的には期間10年の国債利回りを踏まえておけば、予想を外すことはまずありません。

（2）債券利回りは需給バランスが決める

　さらに2つ目。預貯金金利や貸し出し金利、政策金利は金融機関や日銀が決めるのが基本です。預貯金金利が変更される時にはたいがい、銀行内部で週末金曜日に金利設定委員会のようなものが開かれ、そこで翌週初めからの預金金利などが決まります。そこでは経営上の判断が働くことは当然です。

　たとえば、「他行より高めの金利で預金獲得を狙いたいよね」と

いった判断が加味されるのです。「貸し出し金利」についても同様。

　それに対して、債券の利回りは、債券市場に参加している不特定多数の人々、法人企業、年金などの機関投資家など幅広い参加者の売り買いのエネルギーいかんによって自然に決まるのです。つまり時々刻々と変化する需給バランスのもとで、ひとりでに価格ならびに利回り（つまりは取引条件）が決まるのです。人為的な裁量が働く余地はほとんどありません。

（3）債券利回りは"決める"ではなく"決まる"

　イメージとしては株の売買と同じです。株価は誰かがコントロールしているわけではなく、参加者の自由意思に基づく売り買い注文（のバランス）で決まるのが基本です。つまり、その時々の経済、景気の実態をある意味で忠実に反映しているのです。だからここで形成される価格、利回りはとても重要なメルクマール（指標）とみなされるのです。

　しかも、債券市場の参加者は国内にはとどまりません。米国の投資銀行や年金基金などの機関投資家、場合によっては日銀などが金融政策の一環として取引に参加することもあります（特に過去10数年、日銀は日常的にこの市場に参加・介入しています）。

　さらに３つ目。「金利は景気の体温」といいます。つまり景気の良しあしは、金利の動きに端的に示されるのです。景気がよい時期には金利は高いのが当たり前ですし、世界中を見渡しても、金利が低い国の経済成長率は低いのが原則です。

　そんな時、金利のなかでも最も早くそれに先行するのが債券、特に売買の中心となっている期間10年国債の利回りなのです。そしてそれを横目で見ながら、株価や為替相場が動くというわけです。

　夕刻、野山あるいは畑地を歩いていると、一群の雁（カリ）が群れを成して飛んでいるのに出くわすことがありますが、まさにあのイメージです。つまり、先頭のカリが10年国債だと思ってもらえばいいです。

③ 国際政治を読むには債券は必須

（1）米国を激怒させた橋本龍太郎元首相の発言

　ここでちょっと視点を変えてみましょう。実は債券をめぐって、内外政治が大きく動いてきた歴史があるのです。もっとも有名な例の１つをご紹介します。

　「1997年6月23日、当時の橋本龍太郎首相が米コロンビア大学での講演のあとの質疑応答で、『米国債を売りたい衝動に駆られることがある』とジョーク交じりにコメントしたことがあります。NYダウは192ドル下落、1987年のブラックマンデー以来の大幅な下げとなったのです。1985年のプラザ合意以降の急激な円高ドル安（260円から85円へ）が進むなかでの発言だったのですが、『もし売るようなことがあれば（米国への）宣戦布告とみなすと脅された』とささやかれたのです。米国が拡大する日本の対米貿易黒字に苛立ちを強め、円高誘導カードをちらつかせていたことなどが背景でした」（貿易摩擦と橋龍発言 米国債について回る「売りたい衝動」最終更新　2018/5/21 7:54　Quick money world）

　で、日本が手持ちの米国債を大量に売りに出ればどうなるでしょうか。もちろん価格は下がり、利回りは跳ね上がります。

　米国債券の利回りが上がれば、新しく発行する国債の利回りも引き上げなければならない。つまり、米国の財政コストが一気に膨れ

上がります。あるいは、多くの機関投資家が持つ米国債の価格が下がるわけですから、損失が一気に拡大する。米国の経済社会が混乱するのです。

＊ここでは、「売られる」→「価格下落」→「利回り上昇」を当たり前のこととして記していますが、ひとまず「債券では価格と利回りは逆に動く」と覚えておいてください。そのわけはp.159〜164で詳しくお話ししますのでご安心ください。

(2) 米国債を人質に取っている中国

2000年代後半に入り、再び米中の関係が険悪になりつつあります。ブッシュ、オバマ、トランプ、バイデンと続いた米政権は、時代が下るにしたがって中国に対する政治姿勢を硬化させてきました。理由の大半は、中国が米国をしのぐ高度なIT技術を駆使することで、世界経済の覇者になるという懸念が日ごとに強まってきていたからです。

さらには、安全保障の観点からも中国の存在が一躍クローズアップ、軍事面での脅威も一気に高まってきたわけです。頻発するサイバー攻撃を思い起こしてもらえればおわかりですね。

その陰に隠れてあまり表ざたにならないのですが、実は米国が中国を恐れているきわめて重要なテーマがあるのです。それは「米国が発行している国債のうち、海外部門が保有している額の2割が中国により保有されている」という事実なのです。なぜこれが問題なのか？

米国政府が国債を発行して資金を調達するのは、歳入不足を埋めることが目的です。とすれば、中国によって大量の米国債が保有さ

れているということは、「中国政府の協力によって米国の財政は成り立っている」ことを意味します。

　中国がIT技術を不正に使って米政府機関のシステムにまで不正侵入したことや、チベット民族などへの弾圧について米国が強く抗議しようと、他方では、米国の財政は中国への依存なくしては成り立たないという現実があるのです。

　これは何を意味するか？　中国は米国に対して「よし、そこまで言うなら……」と、いざという時の切り札を手中にしているのです。実際、水面下では「米国債売却も1つの手だよ」といった脅しを米国政府に対して常に突き付けていると見たほうがいい。

　実際、2017年にトランプ政権になって以降、中国は米国からの関税引き上げなどの圧力に対し、「（それでは）米国債の購入を減額する」と受け止められかねない発言を幾度か行なって、米国をけん制したことがあります。

　中国が、米国債を売ればどうなるか。もちろん米国債の価格は下落、そして利回りは跳ね上がります。このあたりの事情は、前述の橋本龍太郎元首相の下りで話した通りです。

　つまり、米中の緊張関係の裏にはこうした「中国による米国債の大量保有」という、米国にとってはある意味で爆弾を抱えているという事実を踏まえていなければ、国際政治は読めません。中国は、米国の人質を取っているといっても過言ではないのですから。

債券の収益構造に関する
7つのキーワード

　第1章を終えるにあたり、第2章以降をよりよく理解するためのいくつかの基本概念を記しておきます。何事を理解するにしても、いくつかのキーワードが存在するものです。

■インカムゲイン（定期的な利子収入）

　インカム（income）の原義は「収入、所得」ですが、金融・証券の分野では、それにゲイン（gain）「得る」を付けることによって「利子、利子収入」という意味で用いられています。

　預貯金、金銭信託からもたらされる利子や、債券を購入、保有することによって得られる利子収入がその代表的なものです。

■キャピタルゲイン・ロス（値上がり益・値下がり損）

　キャピタル（capital）とは、経済用語としては資本（金）、元金を意味することからわかるように、それにゲイン（gain）が付けば資産そのものの価値が上がることによって得られる収益、つまりは「値上がり益」のことです。逆に、値下がり損はキャピタルロス（capital loss）。

　土地、金（きん）といった現物商品は、原則としてそれを保有しているだけでは収益は生まれません。買った値段より高い値段で売れて、初めて収益が手に入ります。

　広義の意味での金融商品の収益の源泉は、インカムゲインとキャピタルゲイン・ロスの2つの要素から成ります。このうちどちらか一方の収益しか持たない金融商品もありますが、債券はこの2つの

要素を併せ持っているのです。

■表面利率（クーポン）

　債券の収益率を決める三大条件のうちの1つ。債券を持っていた場合、額面100（円、％）につき年にどれだけの利子を受け取れるかを示します。

　「表面利率が5％」といえば、100万円の額面（券面金額）の債券だと、年に5万円の利子が手に入ることを意味します。「クーポン」とも呼ばれます。

■最終利回り

　債券の収益性は基本的には最終利回りで表示されます。これは、当該債券を満期（償還期限）まで持ち続けた場合に「最終的に」確定する利回り（1年あたり）というほどの意味です。

　したがって、債券を満期まで保有せず、それ以前に売却した場合には購入当初の「最終利回り」は実現しません。

　債券利回りといった場合は、この最終利回りを指すのが普通です。

　次項の「応募者利回り」も広い意味での「最終利回り」です。

■応募者利回り

　債券を新発債（しんぱつさい＝新しく発行される段階の債券）として手に入れた者が、これを満期まで保有した場合に得られる1年あたり利回りのこと。新発債の募集に応じてこれを取得する人を「応募者」と呼ぶところからこの名があります。

　応募者利回りは、クーポン（表面利率）に1年間あたりの値上がり益・値下がり損を加えた収益を投下元本で割ったものです。ただし、このうち値上がり益・値下がり損が得られるのは売却時、満期

時においてであり、それまではクーポン（利子収入）を受け取るだけです。

■償還期限

　通常の債券は「いつになれば発行者が、自らが発行した債券（銘柄）のすべてを市場から回収するか」という期日が定められています。資産の運用者（債券の買い手）から見れば、定期預金などの満期に相当するものです。これを、償還期限とか償還期日と呼びます。

■残存期間

　起算日から償還期限までの期間を残存年限あるいは残存期間と呼びます。クーポン、価格とならび、債券の収益性を決める三大要素の1つです。一部の短期債を除き、原則として単位は年です。

　さて、この第1章で債券についてのアウトラインは把握していただけたと思います。次の第2章では、現実に存在する債券にはどんな種類のものがあるのかを概観しましょう。

┌─●コラム●　債券と公社債─────────┐

　本書では債券という表現を多用していますが、公社債という表現も用いられます。結論からいうと、これらは同じだと考えてもOK。債券は、「債務」と「債権」を表象する「券」といったくらいの意味です。これに対して公社債とは、公的な機関が発行する「公債」と民間の会社が発行する「社債」を総称する用語だと考えればいいでしょう。

└────────────────────────┘

第2章

債券にはどんな
種類がある？

① 債券をどのように分類するか

　数多い債券に関する各種の啓蒙書では、債券の種類については、一般に次のページのような分類法が採用されています。これは「その債券はどのような種類のものか（債券の種類）」という問いに対しては、「誰が発行している債券か」と答えるのが最もわかりやすいからでしょう。まずは一覧していただければいいのですが、発行者により区分された債券の種別の詳細については次項以降で説明します。

　発行者により分類する場合の基本は、まず「公共債」と「民間債」という区分です。

　国、地方公共団体等が発行する債券を公共債と呼びます。これに対して企業などの民間機関が発行する債券が民間債（あるいは社債）です。これを総称して「公社債」とも呼びます。

　つまり、公社債と債券はほぼ同じ意味合いで用いられています。

　投資家の立場で具体的な銘柄を選定、購入する場合や、適切な債券を選択するために投資アドバイスするに際しては、発行者が誰かということのほかに、重要な点がいくつかあります。

　この分野は仕組み、制度に関するものなので、まだ債券の全体像が十分把握できていない初学者の方々にとっては、ちょっととっつきにくいかもしれません。その場合にはざっと一読しておくにとどめ、本書を読了してからもう一度ここに戻ってくださると、より一層理解が深まるはずです。

公社債の種類

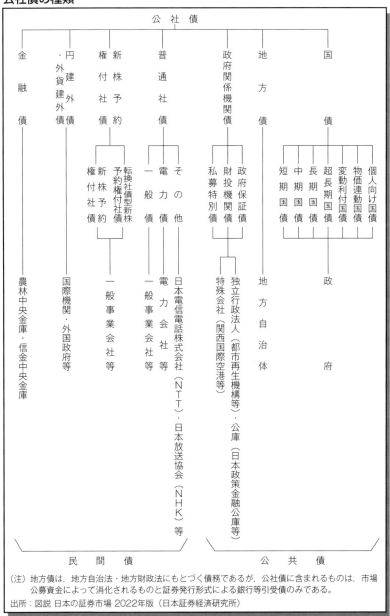

(注) 地方債は，地方自治法・地方財政法にもとづく債務であるが，公社債に含まれるものは，市場
　　公募資金によって消化されるものと証券発行形式による銀行等引受債のみである。

出所：図説 日本の証券市場 2022年版（日本証券経済研究所）

（1）利子支払いの有無による分類

　債券は、その収益がどのようなタイミングで支払われるか、という切り口からは、利付債と割引債に分けることができます。

利付債……その債券を保有している人に対し、発行者が定期的に利子を支払う債券のこと。わが国で発行される債券の9割以上が、この利付債です。10年長期国債、地方債、社債などのほとんどはこれに該当します。

　多くの債券は、この利付債のタイプなのですが、これには理由があります。

　1つは、発行者から見て満期時に一度に返済しなければならないとなると、その返済コストが一時期に集中します。これを避けるために、返済しなければならないおカネの一部は、利子として毎年小刻みに返済していくのです。

　2つ目は、この債券の買い手から見ると、小刻みに返済されるほうが、安心感があります。さらには、途中で定期的に利子を必要とする投資家ニーズを満たすこともできます。

割引債……満期までの間は一切利子が支払われないかわり、発行時点では額面から大きく割り引かれた価格で発行される債券。発行価格と額面との差額が買い手にとっての収益となります。

　たとえば、額面100円のものが90円で発行されたのであれば、これを90円で買った人にとっての満期時点での収益は10円です。クーポン（利子収入）がゼロである債券です。

　わが国では、日本国が財政年度中の歳入・歳出のタイムラグを調整するために発行するごく短期の国庫割引債券（TDB）などがこ

れに該当します。ただし海外では、この種の割引債が多く発行され
ています。海外発行の割引債は、ゼロクーポン債と呼ばれるのが一
般的です。

(2) 金利のタイプ

固定金利型……前述の利付債には2種類あります。いったん発行さ
　　　れると償還まで、そのクーポン（表面利率）が一切変更されな
　　　いというタイプがこれです。

　もちろん、どれだけ金融情勢が変化しようとも、です。投資者か
ら見れば、毎期受け取る利子は確定しているわけです。利付債のほ
とんどはこのタイプです。

変動金利型……発行時に決められたクーポンが、その後の金融情勢
　　　の変化によって、一定のルールの下で適宜変更されるというタ
　　　イプの債券がこれです。

　個人向け国債10年物など一部の債券で、この仕組みがとられてい
ます。一般に、インフレ時には金利が上がるため、インフレヘッジ
機能に優れているとみられています（その理由は p.178〜で詳述）。

(3) 通貨建てによる分類

円建て債……円単位の表示で発行されている債券のこと。従来、わ
　　　が国内で発行される債券はすべて円建て債でしたが、1985年8
　　　月に世界銀行が東京市場でドル建て債を発行したのを皮切り
　　　に、ドル建て債が発行されています。

　海外の発行者が日本国内で発行する外貨建て債券を、ショーグン
債と呼ぶことがあります。これに対して、海外の発行者が日本国で

発行する円建て外債はサムライ債と呼ばれます。

外貨建て債…発行者が円貨以外の外貨を調達するために発行する債
　　　券。

　これは、発行者が日本国内の法人であるかそれとも海外の発行者
であるかは問いません。多くの外債ファンドが投資している債券
は、この外貨建て債券が中心になっています。

（4）募集方法による分類

公募債……不特定かつ一般の人を対象として発行される債券のこ
　　　と。

　長期国債、中期国債、個人向け国債、公募地方債、多くの社債、
転換社債などはいずれも、公募債として発行されています。

非公募債……特定かつ少数の者が引き受ける（取得する）ことを前
　　　提として発行される債券のこと。私募債（しぼさい）、縁故債
　　　（えんこさい）とも呼びます。

　発行者と特定の関係がある者（たとえば、子会社に対する親会社
あるいは取引メイン銀行）が引き受けるという形が一般的です。つ
まり、債券の発行というよりは、むしろ相対（あいたい）での資金
の貸借に近い感覚で行なわれるものです。

　非公募債を引き受けるに際しては、一定の期間はその債券を他に
売却（譲渡）しないという制限条件が付されるケースが多く見受け
られます。

（5）発行者が属する国の違いによる分類

国内債……発行者が、わが国の公共機関・企業である債券を国内債

と呼びます。

　従来は、国内債のすべてはわが国で発行される円建て債だったのですが、最近ではわが国の企業が海外で外貨建ての債券を発行するケースも増えてきています。

外国債……発行者が海外の政府、法人である債券のこと。ただし、発行者の国籍いかんを問わず、発行地が日本以外の国である場合も外国債と呼ばれるので、注意が必要です。

「ああ、ちょっとややこしいな」と思われるかもしれませんが、ここではあまり神経質になることはありません。自然に慣れてきますのでご安心ください。

（6）上場、非上場による分類

上場債……証券取引所に上場されている債券のこと。

　ここでいう「上場」とは、証券取引所に登録されており、かつ取引所内で行なわれる取引の対象とされる、という意味合いです。ただし、現在では上場される債券はごく一部にとどまっており、ほとんどの債券は次の「非上場債」です。

非上場債……取引所に上場されていない債券。

（7）流通時期による分類

新発債（しんぱつさい）……どのような債券であれ、その債券が発行される日以前においては新発債と呼ばれます。新たに発行される段階における債券、といったくらいの意味です。

　債券はあらかじめ示された発行条件で、これを引き受けてくれる人を募り、それに応募した人がこれを引き受ける（買い付ける）こ

とからその一生が始まりますが、この最初に引き受ける人の手に渡るまでの債券を新発債と呼びます。

既発債（きはつさい）……発行日に債券が最初に引き受けられた途端に、その債券は既発債と呼ばれます。すで（既）に発行された債券、という意味。

　それ以降満期償還の日までは、既発債としてその時々の売り買いの需給バランスにより決まった時価で取引されることになります。この既発債が自由に売買される市場を流通市場と呼びます。これは株式と同じイメージです。

(8) 残存期間の長短による分類

長期債……わが国では一般に、満期までの期間が６年以上の債券を長期債と呼びます。なお期間が10年を超える債券は、特に超長期債と呼ぶことがあります。

中期債……残存期間が６年未満２年以上の債券。期間３年、５年の個人向け国債はこの中期利付国債です。

短期債……期間が２年未満の債券。新発債としては短期国債などがこれに該当します。

　以上は発行時点での満期までの期間（償還年限）によって分類したものですが、既発債になってからもこのように分類されます。たとえば、当初10年債（長期債）として発行された債券でも、発行後５年を経過すると中期債（残存期間は５年）になります。

(9) 市場価格の水準による分類

オーバーパー債券……債券価格は、額面100円のものがいくらで売

　　買されるか、という基準として示されますが、100円を超える
　　価格の債券をオーバーパー債券（銘柄）と呼びます。

　「債券は額面100円あたり100円で返済されるのだから、100円を超
える価格だと損するではないか」と思われるかもしれません。しか
しこれは間違い。なぜなら、債券の多くは途中で利子が付くので、
それを含めると、収益はプラスで、利回りも当然プラスになるから
です。

　たとえば、価格が102円で満期には100円で返済されると 2 円分の
マイナスです。しかし、利率（クーポン）が 3 ％の 5 年債だと、計
15円の利子が付くわけですから、全体では13円の収益が得られると
いうわけです。

アンダーパー債券……市場価格が100円未満の債券のこと。

② 国が発行する 長期国債（固定金利型）

　これ以降は、発行者によって分類された債券の種別についてひとわたり説明します。まずトップバッターは、もっとも馴染みがあり発行額が多い国債です。

　現在発行されている国債の中心は、満期までの期間が10年のものですが、これには２種類あります。１つは法人も個人も自由に購入することのできる固定金利型の長期国債。２つ目は、2003年から発行が始まった個人だけが購入できる変動金利型の国債（個人向け国債）です。ここでは、まず前者の説明をします（後者は p.91を参照）。

　10年固定金利型国債は原則として毎月発行され、募集期間中であればいつでも買えます。購入単位は額面基準で５万円から５万円単位。

　利子が支払われるのは年に２回で、銘柄ごとにたとえば６月と12月とか、５月と11月というようにあらかじめ定められています（通常20日）。

　発行に際しては、証券会社や金融機関が入札の方法を通じて国債を引き受け、一般の投資家は、これを引き受けた証券会社、金融機関を通じて購入します。

　発行条件（利率、価格）は、発行の都度決められます。あらかじめ財務省が提示した表面利率に応じて、金融機関が価格で応札し、ここで決まった条件で、一般に売り出されるのです。

　この表面利率は、すでに発行された国債の利回りを参考に決められます。表面利率は固定金利であり、途中で変更されることはあり

84

ません（固定金利制）。満期以前に換金するに際しては原則として、流通市場で売却します。

　発行額＝流通量が多いため、他の債券に比べて換金が容易であるという特徴を持ちます。

　なお、わが国の債券流通市場ではこの国債を巡って銀行、証券会社、機関投資家などが日常的にきわめて積極的な売買を行なっています。このため、ここで付いた利回りはわが国の長期金利の指標的な存在とみなされています。

　たとえば「わが国の長期金利が上昇して0.9％台に」と報道された場合には、この10年長期国債の市場での売買利回りを指し示すのが普通です。この利回りのことを、市場利回りとか実勢利回りと呼ぶこともあります。

③ 期間2年、5年の中期利付国債

　期間10年の国債とならび、原則として、毎月発行される国債には、期間2年物と5年物があります。これらは“中期国債”と呼ばれます。

　国債を最終的に引き受ける投資家は、銀行、保険会社、一般企業、政府系機関、各種共済組合、年金基金、個人等多種多様です。そして、これらの投資家は、様々な投資動機を抱えています。とりわけ長期の債券を指向する投資家から、原則として短い期間の債券を好む投資家まであります。

　このため、比較的短期の債券への投資ニーズに応えるために、期間2年、5年といった相対的に短い国債も発行されているのです。

　元来は、個人に引き受けられることを想定して発行されたものですが、現在では多種多様な機関によって引き受けられています。現在発行されているのは利付債であり、原則として毎月入札方式によって発行されています。

期間10年超で発行される 超長期国債

　発行された時点で、満期までの期間が10年を超える国債を"超長期国債"と呼びます。期間20年、30年の固定金利型国債が、その代表です。

　発行者である国としては、金利が低い時期にはできるだけその低金利で、長期の資金を調達したいと考えます。わが国が低金利時代に入ってから、この種の超長期の国債発行がスタートしたのは、ごく自然な成り行きでした。

　こうした超長期の債券は、一般に10年以下の債券に比べて金利が高いことから、主に生命保険会社などの長期にわたって安定的に資金を運用することが要求されている機関による保有比率が高いことが特徴です。

　以上の3種類の国債が、わが国で発行されている国債のほとんどを占めます。

　これを発行する政府の立場から言えば、現在のように超の字がつく低金利時代にはできるだけ期間の長い固定金利型の債券を多く発行すると、将来にわたって利子の支払いが少なくて済むという思惑が働きます。

　実際、2010年代後半からは超長期国債の発行額が多くなる傾向にあります。

5 変動利付国債

　金利情勢の変化に応じて、3カ月あるいは6カ月ごとに表面利率の見直しが行われる債券を、変動金利型債券と呼びます。いったん発行されると、満期まで表面利率は一定である固定利付債に対する用語です。

　海外市場では、古くから多く発行されていましたが、わが国では2000年6月から公募の形で、期間15年の変動利付国債が発行されました。

　金利情勢が変化するごとに、それに合わせて、表面利率を変更することで、発行者、購入者ともに、予想外の金利の変動に伴うリスクからまぬがれるという点が特徴です。

　半年ごとに表面利率が変更されるという変動利付債は、その満期までの期間がいくら長くとも、実質的には6カ月固定金利型の債券を継続して保有しているのと似たように意味を持ちます。15年変動利付国債では、直近に発行された同じ年限の15年の国債の利回りなどを参考にして新しい利率が設定されます。

　投資家にとって変動利付国債の最大の特徴は、インフレによる目減りをある程度防げることです。なぜなら、物価が上がる時期にはそれに応じて金利も上がるのが原則だからです（その詳細な理由はp.178〜で説明）。

　「物価が上がってお金の価値が下がった」時でも「変動利付国債のクーポンが引き上げられる」⇒「より多くの利子が手に入る」となるからです。つまり「インフレに強い変動利付債」というわけで

す。これはあとで取り上げる「個人向け10年変動金利国債」にも言
えることです。

⑥ インフレ率いかんで 元本が変動する物価連動型国債

　2003年度から、わが国では物価連動型国債というちょっと変わった仕組みの国債が発行されています。期間は10年。一般の債券との最大の違いは、元本部分が物価に連動して変化するという仕組みがとられていることです。

　すなわち、インフレに対するヘッジ能力に弱いという固定金利型国債の弱点を改善して、インフレ率が高まればそれに応じて元本部分が増価し、インフレにある程度対応できるという仕掛けになっているのです。このため別名「インフレ連動債」と呼ばれることもあります。

　変動金利型国債とは異なり、毎年支払われる利子を決める表面利率（クーポン）は途中で変化するわけではありません。ただし、元本部分がインフレ率に応じて変動するため、クーポンが一定であっても支払利子額は変動します。もっぱら法人投資家による取得が想定されていましたが、2015年からは個人でも買えるようになりました。

　この国債は、市場参加者のインフレ予想値を測るために用いられることがあります。

　つまり、一般の10年固定金利型国債（毎月発行分）との利回り較差を丹念に追っていくことで、その時々の市場でのインフレ予想値を読み取ることができるのです。なぜか？

　市場参加者の間でインフレ期待度が高まると、この物価連動型国債の人気が高まって価格が上昇、利回りが低下するため、固定金利型国債との利回り差が拡大するためです。

期間10年の変動金利型 個人向け国債

　国債発行条件の多様化、個人消化の促進を狙って2003年 3 月に第 1 回債の発行が行なわれたのがこれ。当初は、3 カ月に一度のペースでしたが、現在はほぼ毎月発行されています。文字通り、個人だけしか購入できません。

　この国債の最大のポイントは「（固定金利ではなく）半年ごとの変動金利制」を採用したことです。半年ごとに支払われる利子は、10年長期国債発行利回りを基準利率と定め、これに、0.66％をかけた水準で決定されます。ただし、計算上0.05％未満になった場合でも最低0.05％の利子は保証されます（フロアー金利制）。

　1 年を経過すれば、過去 2 期（1 年）分の利子（税引前）相当額×0.79685を手数料相当分として支払えば、いつでも換金できる（発行者である国が額面で買い取ってくれる）という点も、それまでの債券にはなかった点です。つまり、途中での利回りならびに価格変動を気にする必要がないのです（ほかの多くの債券は、換金するにあたってはその時々の時価で売却することになる）。

　この国債の最大の特徴は、変動金利制であることです。購入してから償還に至るまでの間に固定金利債券の表面利率（クーポン）が上がった場合には、それに応じてクーポンが引き上げられます。

　したがって「金利が上がったのに、低い利子に我慢しなければならない」というリスクから免れるのです。

　購入（預入）金額は個人でも容易に購入できるように、額面 1 万円単位に設定されています。

固定金利
3年物・5年物の個人向け国債

　個人向け国債には10年変動金利型のほかに、クーポンが一切変化しない（固定されている）固定金利型の国債が2種類あります。期間3年物と5年物です。

　10年変動金利型個人向け国債と同じく、ほぼ毎月募集・発行されています。募集期間も原則として同じです。募集価格は額面100円につき100円です。中途解約に際しては国が買い取るという点も、変動金利型個人向け国債と同じです。

　途中解約に際しては、発行から1年経過することが条件です。それ以降であればいつでも解約できます。解約に際しては、すでに支払われた利子のうち直前2回分が、手数料相当額として徴収されます（利子（税引前）相当額×0.79685）。

　肝心の利率については、募集が始まる直前における期間3年ないし5年物固定利付国債の金利を基準金利とし、それから0.03％（3年債）、0.05％（5年債）を控除した水準として定められます。ただし、この基準で計算された利回りが0.05％未満になった場合でも、0.05％の利率は保証されます（フロアー金利制）。

　固定金利ということから、金利上昇に弱く、かつインフレにも弱い商品であることは避けられません。購入金額も変動金利型個人向け国債と同じく、額面1万円単位。利払いは年2回（半年ごと）です。

個人向け国債の商品性比較

商品名	変動金利型10年満期 **変動10**	固定金利型5年満期 **固定5**	固定金利型3年満期 **固定3**
満　期	10年	5年	3年
金利タイプ	変動金利	固定金利	固定金利
金利設定方法*1	基準金利×0.66*2	基準金利-0.05%*3	基準金利-0.03%*3
基準金利	初回の利子の基準金利は、前営業日の10年固定利付国債の入札結果から算出された金利です。	基準金利は、前営業日の市場実勢利回りを基に計算した期間5年の固定利付国債の想定利回り-0.07%です。	基準金利は、前営業日の市場実勢利回りを基に計算した期間3年の固定利付国債の想定利回り-0.12%です。
金利の下限	0.05%		
利子の受け取り	半年ごとに年2回		
購入単価（販売価格）	最低1万円から1万円単位（額面金額100円につき100円）		
償還金額	額面金額100円につき100円（中途換金時も同じ）		
中途換金	発行後1年経過すれば、いつでも中途換金が可能*4　直前2回分の各利子(税引前)相当額×0.79685が差し引かれます。		
発行月（発行頻度）	毎月（年12回）		

*1　国債の利子は、受け取り時に20.315%分の税金が差し引かれます。ただし「障害者などの非課税貯蓄制度（いわゆるマル優、特別マル優）」の適用を受け、非課税とすることができます。この制度については、税務署などにお問い合わせください。
*2　基準金利は、利子計算期間開始日の前月までの最後に行なわれた10年固定利付国債の入札（初回利子については募集期間開始日までの最後に行なわれた入札）における平均落札利回り。
*3　基準金利は、募集期間開始日の2営業日前において、市場実勢利回りを基に計算した期間5年または3年の固定利付国債の想定利回り。
*4　中途換金の特例：災害救助法の適用対象となった大規模な自然災害により被害を受けられた場合、または保有者本人が亡くなられた場合には、上記の期間に関わらず中途換金できます。
出所：財務省ホームページを基に作成

⑨ 新型窓口販売国債

　個人が購入できる国債には、前述の「個人向け国債」のほかに、「新型窓口販売国債」と呼ばれるものがあります。

　これは、機関投資家や大手の金融機関などによって市場で一般に取引されている同じ利付国債を、個人にも買いやすいように工夫されたうえで販売されているものです。日本郵政公社の民営化に合わせて新たにスタートした販売方式です。

　累増する国債をより安定的に消化（販売）するための一環として導入されました。純然たる個人のほか、法人やマンションの管理組合なども購入可能です。

　種類は3つあり、すべてが固定金利タイプです。期間は10年、5年、2年で、いずれも最低5万円から5万円単位として取り扱われています。

個人向け国債と新型窓口販売国債との比較

	個人向け国債			新型窓口販売国債		
	変動10	固定5	固定3	国債10	国債5	国債2
償還期限	10年	5年	3年	10年	5年	2年
発行頻度	毎月（年12回）			毎月（年12回）		
購入単位及び購入限度額	最低1万円から1万円単位で上限なし			最低5万円から5万円単位、ただし一申込みあたりの上限は3億円		
販売価格	額面金額100円につき100円（中途換金時、償還時でも価格は一定）			発行ごとに財務省で決定（満期償還前に途中売却する場合は価格が変動）		
購入対象者	個人に限定			制限なし（法人やマンションの管理組合なども購入できる）		
金利タイプ	変動金利	固定金利		固定金利		
下限金利	あり（0.05％）			なし		
中途換金	発行後1年経過すればいつでも国の買い取りによる中途換金が可能（元本割れのリスクなし）直前2回分の各利子（税引前）相当額×0.79685が差し引かれる			市場でいつでも売却が可能（ただし、その時々の市場価格となるため、売却損／益が発生（元本割れのリスクあり）。また、国の買取による中途換金の制度はない。）		
導入時期（初回発行年月）	平成15年3月	平成18年1月	平成22年7月	平成19年10月		

出所：財務省ホームページ

10 割引短期国債

　期間 1 年以下として発行される国債です。

　国の一般会計で生じる一時的な資金不足を賄うほか、国債の償還
と借換債の発行のタイミングのズレを調整するために発行されてい
る債券です。

　法人向けに発行されるものであり、個人の立場では購入すること
はできません。

＊借換債：住宅ローンでも使われるのが借り換え。つまり、古い債
　　　　　務を解消して、新しい条件で改めて貸借契約を結ぶもの
　　　　　です。

　国債の借り換えとは、原則として満期になった国債と新しく発行
される国債を交換すること。

　たとえば、ある銀行が持っている10億円の国債（例：クーポン
2 ％）を満期に伴って償還するとともに、新しく発行した10億円の
国債（同、3 ％）を改めて引き受けてもらいます。この時、新しく
発行する国債を借換国債と呼びます。

国債の種類

償還期間等	短期国債		中期国債	長期国債
	6カ月	1年	2年、5年	10年
発行形態	割引国債		利付国債	
最低額面単位	5万円		5万円	
発行方式	公募入札 日本銀行乗換		公募入札 窓口販売 （募集取扱い）	
入札方式	価格競争入札・ コンベンショナル方式		価格競争入札・ コンベンショナル方式	
非競争入札等	第Ⅰ非価格競争入札		非競争入札 第Ⅰ非価格競争入札 第Ⅱ非価格競争入札	
譲渡制限	なし		なし	

償還期間等	超長期国債			物価連動国債	変動利付国債
	20年	30年	40年	10年	固定3年、 固定5年、 変動10年
発行形態	利付国債				
最低額面単位	5万円			10万円	
発行方式	公募入札			公募入札	1万円
入札方式	価格競争入札・ コンベンショナル方式		利回り競争 入札・ダッ チ方式	価格競争入札・ ダッチ方式	窓口販売 （募集取り扱い）
非競争入札等	第Ⅰ非価格競争入札 第Ⅱ非価格競争入札		第Ⅱ非価格 競争入札	—	—
譲渡制限	なし			なし	あり

出所：財務省『債務管理レポート2023』35頁

⑪ 国債に比べ やや利回りが高い地方債

　国が資金調達のために国債を発行するのと同様に、都道府県・市町村といった地方公共団体も、税収不足を埋めるために債券を発行します。これを地方債と呼びます。

　地方債には、広く一般に販売することを前提に発行されるもの（公募地方債）と、特定の銀行や企業によって引き受けられるもの（非公募地方債）があります。個人が買えるのは前者です。

　公募地方債（以下、地方債と呼ぶ）は、長期国債と同様、原則として定められた募集期間内であれば、新発債として買うことができます。

　ただし、国債とは異なり各自治体によって発行年限が異なります。また、同じ発行者であっても発行時期によって年限がバラバラ、もちろんクーポンや発行価格なども異なります。

　一般には、同時期に発行される年限が同じ国債に比べると、若干高い利回りで発行されます。日本国政府のほうが地方自治体よりも債券の利子支払い、元本返済などにかかる信用度が高いとみなされているためです（ただし、現在のような超金利時はほとんど差はなし）。

　流通市場では、地方債は国債ほどには頻繁に売買されていないため、流動性の面でも国債には及ばないと考えられています。

　なお、2002年からはいわゆるミニ公募地方債が地域住民や地域勤務者・地元企業限定で発行されています。これは、自治体が公園整備、学校建設・整備など特定の事業を行なうための財源を確保するために発行するものです。期間は3～5年が一般的です。

⑫ 特別の法律によって政府系機関が発行する特別債

　政府系金融機関など特別な法律に基づき設立されている法人が発行する債券を、特別債あるいは政府関係機関債と呼びます。国の監督権が及ぶ特殊法人が発行するという、高い信用力に裏付けられた債券です。国債、地方債に準じる位置にあり、これを含めて「公共債」と呼びます。

　大別すると3つのタイプがあります。

　1つは、元利金の支払いに政府の保証が付く「政府保証債」です。2つ目は、政府保証が付かず、発行者と特別な関係にある金融機関等に対して発行される「私募特別債」があります。さらに3つ目には、政府保証が付かないが一般に公募の形で発行される債券があります。これを「財投機関債」と呼びます。このうち、民間企業や個人に馴染みのある債券は1と3のタイプです。

　まず「政府保証債」はその名が示す通り、万が一にでも発行体が元金あるいは利金の支払いが不能に陥った場合には、政府が代わって元利金を支払うことを保証している債券です。つまり、その信用力は、国債に準じます。国会が決めた限度内で発行されることになっています。

　年限が同じなら、国債に比べ若干高い利回りで発行されている点も、地方債と似ています。

　3つ目の財投機関債は、政府系金融機関などの財投機関が独自で発行するものですが、発行に際しては格付け（p.135参照）を取得したうえで公募で発行されます。

⑬ 銘柄数がきわめて多い社債

　"社債"は、「企業が資金調達の手段として発行するもの」です。つまり、銀行借り入れや株式の発行などとならび、企業にとって、有力な資金調達の手法です。

　国が発行する国債とはいくつかの点で異なった性格を持ちます。まずは、一般に国債に比べて、信用力の点でいささか劣後するという点です。国債は、将来にわたって税金を徴収する権利（徴税権）を担保に発行されているのに対し、社債は、それを発行する企業が将来にわたって稼ぎ出す利益をあてにして発行されているためです。当然、徴税権のほうが、企業収益よりも確実性が高いと考えられます。

　2つ目には、国債の発行者である国はおおむね毎月コンスタントに国債を発行しています。これに対して、社債を発行する企業は多数に上り、ある特定の企業が毎月債券を発行するという例は、むしろ例外的です。つまり、ある単一の発行者（企業）にとってみれば、数カ月に一度とか、1年に一度、あるいは数年に一度といったように、その発行は一般に不規則です。

　社債に投資する側からみてもっとも重要な点は、発行者である企業の信頼度に応じて、その発行される債券の利回りに差が生じることです。その利回りの違いは、一般に、同じ年限の国債の利回りに比べて、どの程度高い水準で決められるかという、そのスプレッドの幅として認識されます。

　たとえば、信用度が低いA社の社債は「国債の利回りプラス0.4％」信用度が高いB社の社債は「国債の利回りプラス0.2％」と

いうようにです。

　つまり、将来の利払いや償還の確実性が高い企業のほうが、国債
に対する上乗せスプレッドが小さいのです。こうした社債発行企業
の信用度は、一般に格付けとして示されます（格付けについては、
p.135〜で説明）。

　社債は、原則として年限、発行時期、発行額等を自由に決めるこ
とができるという意味で、発行者である企業にとっては、とても融
通性に富む資金調達手段です。

　一方、これに投資する投資家にとってみれば、発行者は多種多
様、年限やクーポン等も極めてバリエーションに富んでいるため、
投資目的に応じて選択の自由度が高いことがメリットです。

⑭ ハイイールド債券

　資金を借り入れるときには、その借り手の信用力いかんによって借り入れ条件が異なるのは当然のことです。もちろん、貸し手の側は、返済の確実性が低い人には高いコスト（金利）を要求しますし、信用力の高い人への貸し付けには低いコスト（金利）が適用されます。社債の発行においても、同じ原理が働きます。

　債券は、発行者が資金調達のために発行するものであり、一般には、途中における利払い、償還等の約束事が履行される確実性が、とても重要な要素となります。つまり、利払いや償還といった発行者が負う義務が履行される確実性が高い社債は、相対的に低いコスト（利回り）で発行、信用力が低い企業が発行する社債は、高い利回りで発行されることになるのです。

　このうち後者の社債を、一般に“ハイイールド債券”と呼びます。“ハイイールド債券”とは、文字通り、「利回り（イールド）の高い（ハイ）債券」という意味です。

　社債を発行する企業の信用力は、一般に、格付けによって知ることができます。格付けが低くなるにしたがって、その企業が発行する社債の利回りは高くなっていきます（格付けについては p.135〜を参照）。

　“信用力＝格付け”と“社債の利回り”とは、逆の関係にあります。つまり、格付けとの関係でいうと、ハイイールド債券とは、一般にBB（ダブルビー）格以下のいわゆる投機的債券のことを指します。

　わが国では、ハイイールド債券は一般化していませんが、海外で

は、条件の異なる様々なハイイールド債券が数多く発行され、市場で活発に売買されています。投資家は、個別銘柄ごとに、その発行者の信用度と利回りの動きを天秤にかけながら、戦略的にハイイールド債券を売買する動きが活発です。

◇　　　◇　　　◇　　　◇

　債券利回りの変動については、景気拡大→金利上昇、景気後退→金利低下となるのが原則です。

　しかし、ハイイールド債券の利回りの動きをみる場合には、これに加えて、別の要素を勘案する必要があります。すでに述べた通り、ハイイールド債券は、相対的に信用力が低い、すなわち業績面などでは、やや劣後する企業が発行するものです。ということは、景気の後退期には、経営破たんするリスクが高まり信用力が大きく低下しがちです。

　このため、景気が悪くなる時には、信用力のある社債は買われて利回りが下がる一方で、ハイイールド債券は売られて利回りは逆に上がるというケースが少なくないのです。

　つまり、高い信用力を持つ投資適格社債との利回り差（スプレッド）は拡大しがちです。逆に、景気がいい時には、財務状況などでやや劣後するハイイールド社債であっても、買われがちで価格は上昇するため、信用力に優れる投資適格社債との利回り差は縮小するという傾向があります。

変わり種の社債

ここでは、ちょっと変わった社債を紹介します。

■資産担保証券（ABS）

"資産担保証券"とは、文字通り、「企業が保有する資産を裏付け（担保）にして発行される証券のこと」です。Asset Backed Security の頭文字をとって"ABS"と呼ばれます。広い意味における証券化商品の一種です。

一般には、企業が保有する売掛債権やリース債権あるいは不動産資産などを企業本体から分離したうえで、これを SPC（特定目的会社）という特殊な会社に売却、SPC がその資産を裏付けに証券を発行して投資家に売りさばくというものです。

旧来からある一般的な社債は、その企業の信用力と将来の業績の裏付けのもとに発行されるのに対し、資産担保証券（ABS）では、発行債券が持つ特定の対象資産の価値に対して投資するという点が最大の違いです。

■劣後債

"劣後債"とは、「万が一、当該企業が破たんした場合、残余財産から債権者（債券の保有者）に支払われる金銭につき、一般の社債に投資した人（社債権者）に比べて、返済を受ける権利は劣後するという約束で発行される債券」です。もちろん、権利が劣後する分だけ発行利回りは高くなります。

■優先出資債券

　社債と株式の中間に位置するのが“優先出資証券”です。これは、優先株と同じように、「議決権はない代わり、他の証券より配当を受け取る優先順位が高いもの」です。

　発行者が破たんした場合、一般の出資者より優先的に残余財産が分配されるため、相対的にリスクが低いとみることができます。

16 種類の多い外債

一口に外債といっても、実はいろいろな種類があります。

外債には、「外国債」「外貨建て債」等いくつかの意味があるのですが、一般的に "外債" といった場合には、以下の2つの種類の債券のいずれかを指しています。

■円建て外債

国際復興開発銀行（世界銀行）、デンマーク、ダウケミカルといった外国の機関、国、企業が、わが国で発行する円貨建ての債券のことです。

発行者の社会的、経済的信用力によって、発行条件には、かなり大きな幅があります。別名 "サムライボンド" とも呼ばれます。

償還期限は、一般に5年〜15年までが多く、発行者の意思によって自由に設定できます。発行者が外国に籍を置く法人、機関だとはいっても、あくまで日本国内で、しかも円貨建てで発行される債券であるため、国内で投資するに際しては、基本的には為替変動リスクは受けません。

しかし、時には、その発行者の属する国、地域の為替相場が何らかの原因で急落するなどで、その国そのもののリスク（カントリーリスク）が高くなった場合には、信用力が低下したとみなされ、価格が下落するリスクがあります

■外貨建て外債

これは、海外の国（政府）、機関投資家や金融機関などが米ド

ル、豪ドル等の外貨を調達するために発行する債券であり、利払いや満期償還金もすべて外貨建てで行なわれます。

　もちろん外貨調達のために発行されるわけですから、わが国の投資家であってもこれを購入する場合には、外貨建てになります。

　2020年ごろから世界的に本格的なインフレの波が押し寄せる中で、米国債10年物の利回り上昇についてのニュースがラッシュ状態になりましたが、この米国債などはまさに外貨建て外債の代表です。

　投資信託のなかでも、従来から存在感が大きな外債ファンドが運用対象として組み入れているものは、そのほとんどがこの「外貨建て」の外債です。外貨建てですから、当然為替変動によるリスクを受けることになります。

　多くの個人はおそらく、外貨預金や外債を購入するにしても、一時的な資産運用として意識されていると思いますが、これからは、常に家計資産の一部として外貨建て資産を恒常的に持っていいと考えられます。なぜか。

　手持ちの金融資産が、すべて円建て商品で占められてた場合、この資産の実質的な価値は経済情勢の変化に伴って、どのように変化していくでしょうか。

　現在１ドル＝140円台の為替相場が、円安に動き、１ドル＝200円になればどうなるでしょうか。

　経済原則の教えるところでは、円安はほとんど例外なく、わが国の物価を引き上げます。140円から200円になれば、相当のインフレが起きるはずです。何しろ国内需要のほとんど95％以上を輸入に頼っている原油、天然ガスなどの海外への支払いは1.5倍になります。食糧や多くの鉱物資源などもそうです。

　これらのエネルギー、資源への支払い金額が上がるということは、円基準で見ると輸入物価が上がるということ。当然、わが国で生産・販売されるほとんどの製品・サービス価格も上がります。

　円だけで資産を持っていれば、その実質的な価値がどんどん下落するのです。これが、輸入インフレによる通貨価値の目減りです。もちろん、国内の円建て金融資産の運用でインフレ率以上での資産運用ができれば問題ないのですが、これは非常に難しいのが現実です。

　この場合、外貨建て資産を持つことが有効です。円安・ドル高になれば、手持ちの円建て金融資産の価値はインフレで目減りしますが、ドル建て金融資産の価値は上昇します。つまり為替差益を手にできるのです。１ドル＝140円の時に140万円を米ドルにして預けた後、１ドル＝200円になった時点でそれを円に戻せば、200万円として返ってきます。実質的な資産価値が、ドル高・円安によって膨れ上がるのです。

　これによって、円安インフレに伴う資産価値の下落をある程度防げるのです。

　物価を一切考慮しなければ、外貨建て商品の運用は単なるハイリスク・ハイリターン商品でしかありません。しかし、為替相場が国内物価に及ぼす影響を加味すれば、むしろ外貨建て商品はインフレリスクをヘッジする商品だと考えたほうが正しいです。

　投資あるいは投機とヘッジとは、相反する概念ではなく、むしろ同じコインの裏表なのです。

　以上の視点に立てば、家計の資産運用でも、「外貨建て商品を持つか持たないか」ではなく、「外貨建て商品の保有比率を金融資産全体の1%にするのか、3%なのか5%なのか、10%なのか」という問題設定を行なうべきだと思います。

　資産運用のプロである法人投資家は、常にこのような視点で資産を運用します。

　あるいは、将来日本に首都圏を巻き込む大地震が発生するかもしれないリスクを考慮するなら、積極的に外貨建ての資産を保有することが有効です。というのも、首都圏の機能が一時的にせよマヒするような大地震が起こった時には、日本円が売られて円安になる可能性が高いからです。

　円安はただちに外貨高を意味しますが、外貨建て資産を持っていれば、為替差益が得られるからです。前述のように、140万円が200万円になるのです。

　実際、損害保険会社はその業務の性格に照らし、外貨建て資産（その多くは外債）を相当額持っています。これは、単に外国の債券の利回りが高いことだけが理由ではありません。

　それ以上に、日本が大地震などの天変地異に襲われ、大量の保険金の支払いを余儀なくされた時、外貨建て資産を売却して円に戻すと為替差益が得られるという計算が働いているのです。

第3章

債券のゆりかごから墓場まで

❶ 債券の発行市場

　債券だけではなく株式もそうですが、有価証券は発行市場と流通市場に分けて考えるのが一般的です。発行市場とは、その証券が発行されるまでの諸々の制度や仕組みのことであり、流通市場とは証券が発行されてからあと、市場で売買されるに際しての制度や仕組みに関することです。

(1) 債券の発行市場とは

　債券の発行市場とは、国や企業などが資金調達のために債券を発行するに際して、発行者から投資家に債券が渡るまでの市場のこと。「債券」が新たに「起こされる」という意味合いから起債（きさい）市場とも呼ばれます。もっとも市場とは言っても、具体的な市場が存在するわけではありません。多分に抽象的な意味です。

　債券の発行市場は、債券の発行によって資金を調達したい人が債券保有のニーズを持つ人に、その債券を円滑に届けるためにあります。

　債券を発行するには次のような点について取り決めが必要です。

①どんな条件で発行するか（特にクーポン、発行価格、満期までの期間）

②募集、売り出し期間はいつからいつまでか

③発行者が直接売り出すのか、それとも代理人が販売を請け負うのか

④利子の支払いや元金の払い戻しはどうするか

⑤償還は満期に一括して行なうのか、それとも途中で繰り上げ
　て償還することも想定するか

⑥担保を付けるかどうか

　以上の点は、新たに発行される債券を取得しようとしている人に
とっても、あるいは債券を発行する人にとっても重大な意味を持つ
事項です。

　これらの点について、発行者が勝手に決めて債券を発行するわけ
にはいきません。いくつかの制度的な裏付けをもったうえで債券が
発行されることになっています。

■国債の発行とその引受け機構

　国債の発行に際しては、発行者である国が日銀に発行事務委託を
行ない、日銀が入札参加者からの入札を募ります。そして高い価格
を提示した順に落札していき、所要額に達した水準で落札を打ち切
ります。

　ここで、募入（落札された分）の決定通知が個別金融機関に対し
て行なわれます。そして、これらの金融機関が、一般の顧客から国
債購入の申し込みを受け付けるわけです。

　なお、2007年10月からは、従来から銀行などの金融機関が扱って
きた個人向け国債に加えて、一般の利付国債（市場性国債）の新型
窓口販売方式が導入されました。

　それまでは郵便局だけで行なわれていた募集取り扱いを、それ以
外の多くの民間金融機関でも行なえるようにしたのです。対象銘柄
は、10年固定金利国債、期間2、5年の固定金利国債の3種類で
す。

新型窓口販売方式が導入されたことによって、個人は毎月発行される個人向け国債だけではなく、一般の利付国債を購入できるようになったのです。もちろん、個人投資家による国債の購入機会を増やすために行なわれた措置です。それが新型窓口販売国債。

■地方債の引受け機構

　地方債は、発行を希望する地方公共団体が、予算計画を策定、総務大臣または都道府県知事と協議して決定することになっています。

　非公募債と公募債がありますが、このうち公募債を発行できるのは、総務省からの指定を受けた公募団体だけ（41都道府県と20都市—2024年1月現在）。公募債が発行されるに際しては、発行者ごとに引受けシンジケート団が組成されるのが一般的です。引受けシ団は、証券会社と金融機関からなっていることが多く、発行体との間で引受け契約を締結したうえで、発行条件が決定されます。

　引受けシ団メンバーは、各自のシェアの範囲内で募集の取り扱いを行ないますが、残額が生じた場合には自己資金で引き受けるのが一般的です。

■社債の引受け機構

　社債の発行会社が発行に先立ち、引受け幹事会社、引受けシ団、ならびに社債管理会社などの関係機関を選定するとともに、格付け会社に格付け取得を依頼します。格付けが得られた時点で、引受け幹事会社などがプレマーケティングと呼ばれる需要予測を行なったうえで、発行条件が決められます。

　あらかじめ投資家がどれくらい買ってくれるかという需要を予測し、その結果を踏まえたうえで発行条件を決定するのです。

　格付けとは「債券の発行者が利子、満期金の支払いをどの程度確

実に行えるかという信用度を簡単な記号で表すもの」のこと（詳細
は p.135〜を参照）。

　発行条件が決定してから発行者は管轄財務局に関係書類を提出、
これが受理されたことを主幹事会社が確認してから募集・販売活動
が行なわれます。

　なお、現在多くの発行会社が発行登録制度を利用しています。こ
れは、発行会社があらかじめ財務大臣に対して証券発行予定額など
を登録しておけば、一定の期間（１〜２年先）は改めて発行届け出
を行なうことなく、発行条件などを記した簡略な書類を提出するだ
けで有利な時期を選んで証券が発行できるという制度です。債券発
行の意思決定から募集活動までの期間が大幅に短縮化されること
が、最大のメリットです。

■公募発行と私募発行

　発行者が、引受け金融機関を通じて不特定多数者の投資家にその
債券を売りさばくという方法で発行されるのが公募債です。

　これに対して、発行者があらかじめ緊密な関係を持つ金融機関な
どに引き受けてもらうことを決めたうえで発行するのが私募発行あ
るいは非公募発行です。これは、引受け者が50名以内であることと
なっています。

　非公募発行は、金融機関による地方公共団体への融資の変形とも
言うべきものです。

（2）引受け会社と社債管理会社の役割

　以上の通り、債券の発行で重要な役割を果たすのが引受け会社と
社債管理会社（社債の場合）です。

■引受け会社

　債券の引受け会社は、債券の発行に際して、その債券を不特定多数者に対して募集の方法で販売し、売れ残りが生じた時にはその残額を自らの責任によって引き取るという方法が一般的です。つまり、発行会社にとってみればいかに応募者が少なくても、当初の計画通りに債券を発行できるのです。

　国債や政保債、地方債については銀行もこの引受け会社になれますが、社債の引受け会社になれるのは証券会社のみです（金融商品

●コラム● うなぎ上りの国債発行額

　債券の中核を占める国債の新規発行額の推移を示したのが別掲図です。

　右肩上がりで増加し続けてきたことがわかります。これは、1990年ごろを境に税収の伸びがストップした一方、財政支出額が拡大し続けたためです。つまり税収は伸びないものの、歳出は増やさざるを得ない事情があったのです。

　税収の伸びがストップしたのはバブルがはじけた1990年以降、日本の経済成長率が一気に鈍化したことが主因です。企業利益は減り、賃金も増えなければ、法人税、所得税が伸び悩むのは当然のことでした。

　一方、歳出の増加に歯止めがかからなかったのは、急激に少子高齢化が進むなかで、年金、医療、介護へ振り向けるべき政府支出を増やさざるを得なかったことが主因です。

　この2つの線の形状は往々にしてワニ口に例えられます。

　なお、2020年春から一気に広がった新型コロナウイルスショックで、政府は旧来にも増して巨額の財政支援を迫られたため、歳出は急増しており、ワニ口は一気に広がっていることがわかります。

取引法で明示）。銀行は、国債などについては窓口販売ができるにもかかわらず、社債についてはそれが不可能なのは、この規定によっています。

　ただし、不特定多数者に対して社債を発行するのではなく、銀行自らが一投資家として社債を引き受ける時には、引受け会社になれます。たとえば、非公募の方法で発行される私募債などがこれに該当します。

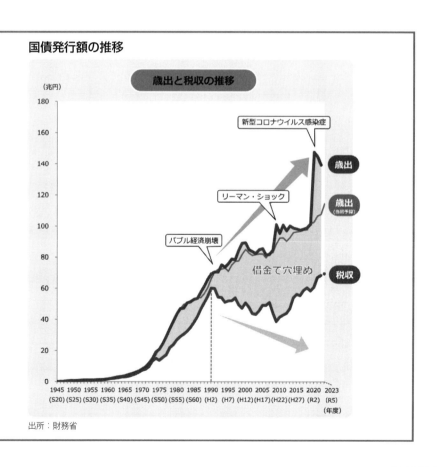

国債発行額の推移

出所：財務省

公募事業債引受け機構

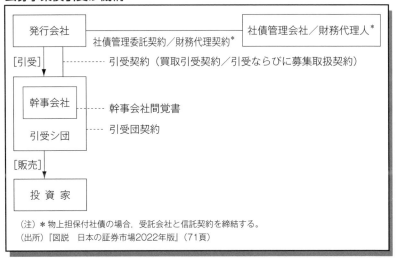

(注) ＊物上担保付社債の場合，受託会社と信託契約を締結する。
(出所)『図説　日本の証券市場2022年版』(71頁)

■社債管理会社

　社債管理会社とは、社債権者（投資家）の権利保全に必要な業務の一切を行なう権限を持つ会社のことです。

　現在では無担保社債が一般化していますが、利払いや償還の遅延などが起こった場合には、社債権者（投資家）を代表して社債権者集会を招集して、債権の早期回収を図る義務を負います。

　もちろん、元利金の支払いが円滑に履行されない恐れがある時には、債権保全手続き、債権回収手続きなどを行なう権限を持ちます。

　一般には、発行会社のメインバンク（主取引金融機関）がこの任に当たります。社債発行会社の事業ならびに財務状況の調査のほか、社債発行にかかる諸事務の委託を受け、社債の元利金の支払いを代行します。

債券の流通市場

　有価証券の一翼を担う債券は、満期償還以前でも自由に換金できるという特性を備えています。そのためには、原則として「いつでも」「公正な価格で」「売り買いできる」ことが必要です。

　これを保障しているのが、債券の「流通市場」です。この点では、株式の流通市場とほとんど同じ機能を果たしていると考えていいでしょう。

　前項のような仕組みで発行された債券は、いよいよ流通市場のなかに投げ入れられることになります。ここでは、新たに発行された債券を引き受けたあと満期を待たず売る人と、これを新たに買いたい人との間で、売り買いが日常的に行なわれています。

　ここでも、その取引を円滑に行なうために様々な枠組みが設けられています。

（1）流通市場の急拡大

　「はじめに」で、昭和50年代からの国債の大量発行が国債の大量流通を促し、これが結果的にわが国の金利自由化を促進したことを説明しました。現在では、債券流通市場は巨大な市場に育っており、銀行、証券会社、年金、共済、保険会社などの機関投資家のほか海外の投資家も交えて、大量の債券が日常的に売買されています。

　日本の債券流通市場では、こうした投資家によって主に国債が頻繁に売買されており、ここで成立した金利がわが国の長期金利の要となります。なかでも、10年長期国債の売買利回りが、住宅ローン

金利や企業向け長期の貸し出し金利などに影響を与えているのです。

　さらに、毎年のように巨額の国債の発行を余儀なくされている政府から見ても、ここで成立する金利が高くなればそれにスライドして、新規発行国債の利回りを高くする必要があります。つまり、国債の発行コストは流通市場での10年国債の利回りいかんで大きく変動するのです。このため、10年国債の流通市場での利回りはとても大きな意味を持ちます。

　また国外に目を転じてみると、大量の国債を発行し続けている米国のドル建て国債は、その過半が海外諸国の外貨準備や多くの民間投資家などによって保有されています。

　このため、海外の投資家による米ドル建て国債の売り買いによって米国の長期金利が変動し、これが米国の経済状態に影響を与えるのです。

（2）取引所取引と店頭取引

　債券が市中で実際に売買される場としては、大別すると取引所で行なわれる取引所市場と、それ以外の場で行なわれる店頭市場があります。

　取引所取引は、証券取引所に上場されている銘柄についてのみ行なわれますが、店頭取引では原則としてあらゆる銘柄の取引が行なわれます。

　取引所で行なわれる取引所取引では、一般の顧客が証券会社に債券の売買注文を持ち込んだ時には、その注文を取引所に取り次ぎます。

　こうして多くの証券会社を経由して取引所に集められた売買注文

のうち、価格・利回り、売買金額、そのほかの条件が合致するものから順に売買を成立させていくというのが取引所取引です。これは基本的には、上場株式の売買と同じです。

これに対して店頭取引とは、元来は証券会社の店頭で顧客から受けた売買注文を、証券会社みずからが直接の相手となって受けるという形で成立する取引です。「店頭」とはいうものの、実際には電話注文、あるいは顧客先へ出向いて行なわれる取引もこの「店頭取引」です。

では、上場されている債券銘柄の売買注文を証券会社が受けた時には取引所取引、店頭取引のうちどちらになるでしょうか。上場されていない銘柄については店頭取引にならざるをえませんが、上場銘柄については現在では取引所に取り次ぐことも、あるいは証券会社みずからが顧客の相手方になって店頭で取引を行なうこともできます。

なお、現在では取引所に上場されている国債などの銘柄についても、取引所取引は多分に形骸化しており、売買実績には見るべきものはほとんどありません。このためインターネットや専門新聞を含めてその取引価格情報を見る機会はほとんどありません。現実には店頭取引が債券流通市場の中核的な役割を果たしていると考えていいでしょう。

　国内で発行される各種債券（銘柄）のなかでは、圧倒的な地位を占めているのが国債。すなわち政府が歳入不足を埋めるために発行している債券です。ではその国債は誰が、どんな割合で保有しているのでしょうか？　これを示したのが別掲図です。

　なんと総額は1200兆円。つまり、わが国のGDP（年間）の2倍以上にも上る巨額な国債が現存しているのです。そして、その半分以上が日銀の保有です。これは、第二次安倍政権がスタートした数カ月後から日銀が、異次元緩和と称される過去に例を見ない規模で大々的な緩和策を実行、市中の国債を大量に買い入れ続けたためです。

　これに次ぐのが銀行、保険といった金融機関です。従来は、この金融機関セクターの保有シェアが圧倒的に高かったのですが、最近では日銀がそれを大きく上回ってきています。金融緩和政策が続く限り、この傾向はさらに続きそうです。

（再掲）国債等の保有者別内訳（令和5年9月末（速報））
国債及び国庫短期証券（T-Bill）　合計1,207兆2,442億円

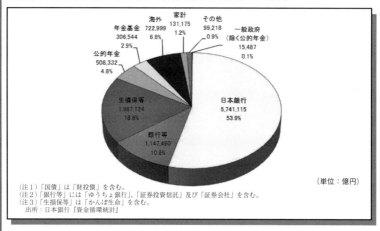

（注1）「国債」は「財投債」を含む。
（注2）「銀行等」には「ゆうちょ銀行」、「証券投資信託」及び「証券会社」を含む。
（注3）「生損保等」は「かんぽ生命」を含む。
　出所：日本銀行「資金循環統計」

③ 債券売買の実際

（1）取引所取引の実際

■上場銘柄

　現在証券取引所に上場されている銘柄は、国債、転換社債型新株予約権付社債等です。それ以外の多くの債券は上場されていません。また上場されていても売買の実績はほとんどありません。

　顧客が、証券会社を通じて上場されている銘柄を取引所で売買するに際しては、売り手、買い手ともに証券会社に一定の売買委託手数料を支払うことが義務付けられていたのですが、1999年10月から、自由化されました。つまり、各証券会社の自由裁量で手数料を定められるようになったわけです。これは、同時期から株券についても手数料が自由化されたことと平仄を合わせた措置です。

（2）店頭取引の実際

　銀行や証券会社が互いに、あるいは一般の企業や個人顧客との間で直接売買を行なうのがこの店頭取引です。前述の通り、現存している債券のうち証券取引所に上場されている債券の種類はごく一部にとどまっていることでわかる通り、大部分の債券は非上場であるため、もっぱらこの店頭取引で取引が行なわれています。

　これは、債券の売買が株式とは異なり、取引所での市場売買に馴染まない面を持っているからです。

その主な理由は、（イ）債券は膨大な銘柄数があるため、物理的にすべてを取引所に上場できない、（ロ）債券の売買には非常に複雑な取引手法があるため、上場取引には馴染まない面がある、（ハ）売り手と買い手の受け渡し期日の希望日がまちまちのケースが多い……などです。

（3）プロが牛耳る債券の売買

ここでとても重要な、でもあまり報じられないことを話します。債券が取引されている市場の様子は、多くの人にとってなじみ深い株式とはまったく異なっているのです。

株式の取引だと、日中の取引時間内に、年金基金や大手の金融機関、あるいは海外の機関投資家のほか多くの個人が取引に参加。全体の需給バランスいかんで、個別銘柄の株価が瞬間的に決まります。さて、では債券ではどうでしょう？

実は、債券が日常的に売り買いされている店頭市場で、その取引を実質的に仕切っているのは、国内の大手証券会社、メガバンク、そして米国系の投資銀行、あるいは年金ファンドなどのプロの機関投資家なのです。もちろん、個人や一般の事業会社なども取引に参加していますが、少なくとも金額で見る限り、全体のごく一部にすぎません。

イメージでいうと、午前10時1分。10年国債のある銘柄に、農林中央金庫や野村證券、大手信託銀行が1兆5,000億円の買いを入れ、米系の年金ファンドなどが8,000億円の売り注文を出す一方、個人や一般の企業が10億円の売り、5億円の買い注文を出しているといった風景なのです。

事実上の需給バランスを握っているのは大手の金融機関、機関投

資家なのです。つまり、こうしたプロ投資家が巨額の売り買いを日常的に行っており、それによって債券の価格、利回りは決まるのです。株式市場などとは風景がまったく異なるのです。

■売買は10年長期国債に集中

と同時に、もう1つ重要なことがあります。それは、債券市場での売買は、最近発行されたばかりの10年国債に集中していることです。これも、株式市場のイメージから見ると、ちょっとわかりにくい点かもしれません。

債券は、それこそ日本で発行されたものだけでも優に5万銘柄以上あるのですが、日常的に売買の対象になっているのはその一部です。種類別でいうと国債の取引が圧倒的であり、しかもそのなかでも期間10年の国債のうち、ごく最近に発行された銘柄だけに売り買いが集中しているのが実態なのです。

債券に投資する人にとって重要なことは、それを一定期間保有す

新発10年国債の利回りだけで金利全体の変化が読める（イメージ）

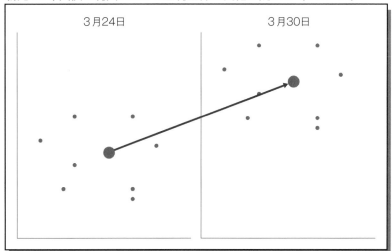

ればどれくらいの収益が上がるかです。そしてそれは、その債券を発行する会社等の業績には原則として関係ありません。

トヨタが史上空前の利益を得たと発表されたからと言って、トヨタが発行した債券の相場が上がるわけではないのです。なぜなら、債券は満期まで持てば額面通りに払い戻されるのだし、途中で受け取れる利子は同じ。

ということは、期間や発行者の信頼度がほぼ同じなら、どの銘柄でも、価格・利回りはほぼ同じ水準で、同じように動くわけです。

一方、世に5万以上もある債券銘柄のなかで、一度に数百〜数千億円といった巨額の売り買いが容易なのは、国債のなかでも最も発行量が多く、かつコンスタントに発行される期間10年の国債です。それも、最近に発行された銘柄です。発行されてから年月が経った銘柄は、すでに多くの投資家に保有されており、市場にはほとんど出回らないのです。

したがって p.260でも説明する通り、新聞紙上でも債券の利回りは「10年国債」だけが表示されているわけです。この銘柄の利回りの変化を見れば、期間が様々なわが国の債券の利回りはどのように動いているかがおおむね読めるのです。

第1章の「なぜ債券は金利の代表選手のような顔をしているのか?」で、債券の特殊性を話しましたが、その債券のなかでもごく最近発行されたばかりの、あるいは発行される直前の時点での「新発国債10年物」がその中核を担っているのです。

■手数料

債券の店頭取引については、売買委託手数料という概念はありません。売買することを「委託」するわけではないためです。つまり、証券会社が顧客に売る場合には、証券会社の側からすると手数料分を上乗せした価格で売却することになります。債券の価格が

「手数料込みの価格」であるといわれるゆえんです。

　取引所取引では、証券会社は顧客からの売り、買い注文の売買を成立させた場合には、手数料を受け入れるのが一般的ですが、店頭取引ではこの手数料分は価格に含まれるのです。

　たとえば98円で購入したものを98円10銭で売ると、この10銭が手数料相当分です。ただし、これは手数料という経理項目で処理されるのではなく、売買益として計上されます。

（4）利払いと償還

■債券の利払い
　利付債が売買されていく過程では、途中で定期的に利子が支払われます。むろん割引債では途中での利子の支払いはありません。

　10年もの長期利付国債を例にとってみましょう。たとえば12月に発行された長期国債は、毎年6月および12月の20日に利子が支払われます。

　クーポンが1％だと、額面100円につき毎利払い日ごとに50銭、1億円の額面の国債には50万円の利子が支払われます。

　利子は、その利払い日時点での所有者に払われます。より厳密に言うと、利払い日時点での当の国債銘柄の名義人に支払われるのです。

■途中償還制度
　わが国で発行される公募債の一部には、満期の前に定期的にあるいは発行者の自由意思によって、発行額の一部あるいはその全額を償還できるという規定が設けられているものがあります。これを、途中償還あるいは期限前償還と呼びます。

　その主旨は、（イ）発行者が満期償還期限に一度に償還すると資

金負担が集中するため、その資金負担を各期にわたって平準化する、（ロ）発行額のうちの一部を、定期的あるいは随時償還していくことにより、元利金の支払いを確実にして投資家の保護を図る――などの点にあります。

　途中償還の方法にはいくつかの種類がありますが、このうち一般的に行なわれるのが定時償還です。これは発行後一定の期間を据え置いたあと、定期的に（通常利払い日ごと）発行額の一定の割合を償還していくというものです。

　しかし、この定時償還制度は縮小していき、現在発行されている公募債でこの方法を採用している銘柄はほとんどありません。

　このほか、発行者の自由な意思に基づいて途中で償還できる任意償還の制度があります。

　これには2種類あって、発行者がいつでも市場参加者の一員として自らが発行した債券銘柄を時価で買い入れて消滅させる**買い入れ消却**と、発行後一定の据置期間を置いたあと定期的にあらかじめ定められた価格で発行額の一部あるいは全額を償還できるという**繰り上げ償還**があります。

4 債券投資と税金

　現在の税制の下では、債券は特定公社債と一般公社債に分類され
ています。国債、地方債や公募社債、上場公社債などは特定公社債
と位置付けられ、それ以外の私募債（非公募債）は一般公社債とさ
れています。

　このうち、一般の投資家が自由に売り買いできるのは特定公社債
であり（ちょっと紛らわしいですね！）、その譲渡益（売却益）な
どに対しては上場株式などと同様、申告分離課税です。

（1）利付債への税金

　特定公社債の利子に対しては、利子所得として20.315％（所得
税・復興特別税15.315％＋住民税5％）が源泉徴収されます。

　確定申告は不要なので、これで課税関係は完了します。もっと
も、確定申告のほうが有利になる場合には、確定申告も認められて
います。

　特定公社債の償還差益ならびに途中売却で得られた譲渡益（売買
益）に対しては、譲渡所得として20.315％の申告分離課税の扱いに
なっています。

　なお、障がい者などがマル優、特別マル優などの非課税措置を利
用した場合には、利子は非課税ですが、譲渡益は譲渡所得として
20.315％の申告分離課税となります。特別マル優の適用を受けられ
るのは、利付国債と公募地方債だけです。

(2) 損益通算が可能に

　特定公社債および上場株式に係る譲渡所得の分離課税については、損益通算ができます。

　つまり、①一般の投資家が購入できる特定公社債の利子所得と譲渡所得、②上場株式の配当所得と譲渡所得は、申告分離課税によって確定申告することで、すべての損益が通算できるわけです。

(3) 特定公社債が特定口座の対象に

　特定公社債は特定口座の対象です。

　このため「源泉徴収ありの特定口座」扱いで特定公社債に投資した場合には、金融機関が上記①②の損益通算に係る計算を行なって、税を源泉徴収し、納付を代行するので、投資家自らが確定申告する必要はありません。

⑤ 債券のリスク （流動性リスクと信用リスク）

　債券投資にも一定のリスクがあります。といえば「そりゃあ、満期までの間にその時々の需給バランスで価格も利回りも動くでしょ。そこで売ろうとすれば価格いかんでは損するもんね」とおっしゃる方は、ここまでで債券の本質をキチンと理解されていますね。まったくその通りです。

　債券利回りならびに価格は、景気、株価、物価などの動向に左右されるという意味では一種のリスク要因となります。これを金利変動リスクと呼びます（価格も動きますから価格変動リスクとも言えます）。

　ただし、ここでは、それとはちょっと違った面での債券のリスクをお話ししたいのです。流動性リスクと信用リスクがそれです。

（1）流動性リスクとは

　流動性リスクとは、実際にその債券を売買しようとしても、いろいろな理由でそれが円滑にできない、というリスクです。

　たとえば、その債券銘柄の発行量自体が少ないために売り買いが少なかったり、その債券が特定の投資家によって買い占められていて、ほとんど取引されていない場合等がそれに該当します。

　これは株式などでも同じ。買いとか売りが成立するのは、その反対側に売りたい人、買いたい人がいることが必要です。

　この点で留意しておいたほうがいいのは、規模が小さな企業が発行した発行額自体が少ない銘柄です。もともとわが国では、民間企

業が発行した銘柄（社債）はそれほど活発には売り買いされていないため、この点には注意が必要です。

(2) 信用リスクとは

　さらに、流動性以上に重要なリスク要因は、当該債券の発行者の"信用力"です。債券の発行とは、発行者による資金の調達を意味します。そして、その引受け手（＝買い手）は、資金の拠出者にあたります。

　つまり、債券を媒介にして、おカネの貸借が行われているわけです。おカネの貸借においては、借り手の信用力いかんで、その貸借条件が変わってくるのは当然ですね。そして、その貸借条件の中核をなすのが金利、つまり債券の発行時点での利回り（これを応募者利回りという）です。

　すでにお話しした通り、債券の発行に際しては発行者が守らなければならない2つの重要な決め事があります。

- クーポンに応じて途中で決まった利子を支払う
- 満期になれば、額面金額通りのお金を払い戻す

　──がそれです。

　しかし、それは「発行者によって」なのです。ということは、発行者がそれを実行する能力を失ってしまえば、約束が履行されないこと（これがデフォルト＝破綻）もあり得るのです。

　債券は、こうしたリスクを抱えている以上、以下のようなメカニズムが働くことになります。

■信用力が低い発行者が発行する債券の利回りは相対的に高くなる

　1つは、信用力が低い発行者が発行する債券の利回りは相対的に高くなるということです。これは、銀行等が企業におカネを貸す場合も同じことです。信用力が低い企業に対する貸し出し金利は高くなります。

■債券発行後、発行者の信用力が落ちた場合、債券価格は下がり、
**　利回りは上がる**

　2つ目には、ある発行者が債券を発行した後、何らかの理由で、その発行者の信用力が落ちた場合には、「利払いや元本の償還義務が果たされなくなるかもしれない」という不安が投資家に広がります。その結果、当該債券は、売られて価格は下がり、逆に利回りは上がります。もちろんそれに応じて価格は下がっていきます。

　ということは、そこで売却しようとした場合、より低い価格でしか換金できないという事態に遭遇するのです。

　実際、発行当初は信用力があるとみなされた発行者が発行した債券であっても、途中でその信用力に変化が生じたために、利回りが急速に上昇するといったケースも珍しいことではありません。

　過去には、急速に信用力が低下し、利回りが上昇するだけにとどまらず、利子の支払いや償還金の支払いができなくなったケースもありました。

　古いところでは、ブラジルやアルゼンチンが発行した国債について利子の支払いがストップしたこともありますし、米国のエンロンというエネルギー関連の大手企業が発行した社債が利子、償還金を支払えずに破たんしてしまったこともあります。

　また、エンロンの破たんにより、わが国で広く個人投資家によって保有されていたMMF（マネー・マネジメント・ファンド）のうち、エンロン債を組み入れていたファンドが元本割れを起こしてし

まったことで、大問題になったことがあります。2001〜2002年のことです。「MMF は、証券会社が扱う普通預金のようなものであり、元本割れはない」と思い込んでいた多くの個人投資家を震撼させたものです。

　その結果、複数の MMF が証券市場から撤退してしまいました。日本の MMF はその後、2016年2月からのマイナス金利政策のもとで運用難に陥り、全ファンドが運用停止に追い込まれることになりました。

　外債の破綻についていえば、ギリシャが発行した国債の利払いや償還が滞ってしまうという事態が2012年になって生じました。この結果、ギリシャ国債を保有していた投資家は、返還されるはずの元本の50％以上が削減されることになったのです。

　なお、信用リスクと前述の流動性リスクは切り離せません。つまり、ある発行者の信用力が急低下すると、その債券が売られて買い手がつかないため、思うように換金できないという流動性リスクが表面化することもあるからです。

6 格付けとは何か

　前項では、債券のリスクの一種として発行者の信用リスクを説明しましたが、そのリスクの度合いを一般の投資家が客観的に判断することは困難です。そのため、企業の債務返済能力を測ることを専門とする民間会社が、債券の発行会社の信頼度を簡単な記号で示すことで、一般の投資家へ情報を提供しているのです。

　これは、米国で誕生・普及した制度ですが、近年わが国でも債券市場の国際化、投資家層の拡大等を背景に、その重要性が高まってきています。

　いまから100年以上前の米国で、大陸横断鉄道を敷設する鉄道会社が、巨額の資金を必要としていました。そして、それを債券の発行で賄おうとしたのです。

　ところが、一般の米国国民はその債券をどの程度信用していいか、見当がつきませんでした。そこで鉄道会社の格付けが行なわれたのです。これが格付けの始まりとされています。それを担っているのが民間会社である格付け会社です。

　米国ではムーディーズやS&P（スタンダードアンドプアーズ）が有名です。日本でも格付投資情報センター（R&I）、日本格付研究所（JCR）など複数の格付け機関が活動しています。いずれも、発行者の信用力をアルファベットなどの簡単な格付け記号として表現、投資家の参考指標として利用されています。会社により記号ならびにその定義には多少の違いがあるのですが、代表的な例を表で示しておきました。最上級の AAA 格から AA、A 格、さらには BBB、BB、B……というように表示されます。

債券の格付けを決めるに際しては、各社ともにいくつかの重要な判断基準を設けていますが、最終的には約束通り利子ならびに償還金を支払う能力があるかどうか、が基本になります。

■格付けは絶対ではない！

　BBB 以上の格付けを持つ債券は「投資適格債」と呼ばれます。これに対し、BB 以下の格しか得ていないところが発行する債券はジャンクボンド（投機的債券）と呼ばれ、利子あるいは元本の支払いが滞る危険性が高いのです。過去の例を見ても、BB 以下の債券のデフォルト（破綻）率が一段と高くなっています。

　資産の安全性を第一に考える年金ファンドなど大手の機関投資家は、BB 格以下の債券には投資しないという方針を掲げている場合が多いのです。

　もちろん、格付けは高いほどデフォルト率が低いため、より有利な条件（＝低い利回り）で資金調達ができます。

　もっとも、この格付けが絶対的な基準であるというわけではありません。ある企業あるいは国の発行する債券について、複数の格付け会社により格付けが異なることはよくあることです。

　さらには、高い格付けを得ていた企業がデフォルトした例も過去にはあります。有名な例では2008年の「50年に一度の金融危機」と呼ばれたリーマンショック※では、倒産したリーマンブラザーズという投資銀行に対して、米国の名だたる格付け機関が軒並み高い格付けをつけていたことが問題になりました。この時には格付け会社の限界が指摘されたものです。

　なお、格付けといえば公的な機関が行なっているイメージですが、前述したとおり民間企業であることは認識しておく必要があります。

※リーマンショック

　2000年代に入り、米国で低所得者層に対するサブプライムローン

格付の記号と定義の例

格付投資情報センター（R&I）

格付け	定　　義
AAA	信用力は最も高く、多くの優れた要素がある。
AA	信用力は極めて高く、優れた要素がある。
A	信用力は高く、部分的に優れた要素がある。
BBB	信用力は十分であるが、将来環境が大きく変化する場合、注意すべき要素がある。
BB	信用力は当面問題ないが、将来環境が変化する場合、十分注意すべき要素がある。
B	信用力に問題があり、絶えず注意すべき要素がある。
CCC	債務不履行に陥っているか、またはその懸念が強い。債務不履行に陥った債権は回収が十分には見込めない可能性がある。
CC	債務不履行に陥っているか、またはその懸念が極めて強い。債務不履行に陥った債権は回収がある程度しか見込めない。
C	債務不履行に陥っており、債権の回収もほとんど見込めない。

日本格付研究所（JCR）

格付け	定　　義
AAA	債務履行の確実性が最も高い。
AA	債務履行の確実性は非常に高い。
A	債務履行の確実性は高い。
BBB	債務履行の確実性は認められるが、上位等級に比べて、将来債務履行の確実性が低下する可能性がある。
BB	債務履行に当面問題はないが、将来まで確実であるとは言えない。
B	債務履行の確実性に乏しく、懸念される要素がある。
CCC	現在においても不安な要素があり、債務不履行に陥る危険性がある。
CC	債務不履行に陥る危険性が高い。
C	債務不履行に陥る危険性が極めて高い。
D	債務不履行に陥っていると JCR が判断している。

ムーディーズ

格付け	定　　義
Aaa	信用力が最も高いと判断され、信用リスクが最低水準にある債務に対する格付。
Aa	信用力が高いと判断され、信用リスクが極めて低い債務に対する格付。
A	中級の上位と判断され、信用リスクが低い債務に対する格付。
Baa	中級と判断され、信用リスクが中程度であるがゆえ、一定の投機的な要素を含みうる債務に対する格付。
Ba	投機的と判断され、相当の信用リスクがある債務に対する格付。
B	投機的とみなされ、信用リスクが高いと判断される債務に対する格付。
Caa	投機的で安全性が低いとみなされ、信用リスクが極めて高い債務に対する格付。
Ca	非常に投機的であり、デフォルトに陥っているか、あるいはそれに近い状態にあるが、一定の元利の回収が見込める債務に対する格付。
C	最も格付が低く、通常、デフォルトに陥っており、元利の回収の見込みも極めて薄い債務に対する格付。

出所：『図説　日本の証券市場2022年版』（75頁）

と呼ばれる住宅ローンが大量に貸し出されたものの、2006年以降の
FRBによる金融引き締め＝金利引き上げにより不動産評価額が下落、
多くの借り手が返済不能になった。このあおりを食って、米投資銀行
大手のリーマンブラザーズが破綻。これをきっかけに、米国内だけで
はなく欧州、日本を含む世界全体に波及した金融危機のこと。これに
対処するために、日米欧の中央銀行は思い切った金融緩和策を発動、
金利を急速に引き下げるとともに、各国政府も経済対策のための巨額
の財政支出を行うに至った。

スタンダード＆プアーズ	
格付け	定　　義
AAA	当該金融債務を履行する債務者の能力は極めて高い。スタンダード＆プアーズの最上位の個別債務格付け。
AA	当該金融債務を履行する債務者の能力は非常に高く、最上位の格付け（「AAA」）との差は小さい。
A	当該金融債務を履行する債務者の能力は高いが、上位2つの格付けに比べ、事業環境や経済状況の悪化の影響をやや受けやすい。
BBB	当該金融債務履行のための財務内容は適切であるが、事業環境や経済状況の悪化によって当該債務を履行する能力が低下する可能性がより高い。
BB	他の「投機的」格付けに比べて当該債務が不履行になる蓋然性は低いが、債務者は高い不確実性や、事業環境、金融情勢、または経済状況の悪化に対する脆弱性を有しており、状況によっては当該金融債務を履行する能力が不十分となる可能性がある。
B	債務者は現時点では当該金融債務を履行する能力を有しているが、当該債務が不履行になる蓋然性は「BB」に格付けされた債務よりも高い。事業環境、金融情勢、または経済状況が悪化した場合には、当該債務を履行する能力や意思が損なわれやすい。
CCC	当該債務が不履行になる蓋然性は現時点で高く、債務の履行は、良好な事業環境、金融情勢、および経済状況に依存している。事業環境、金融情勢、または経済状況が悪化した場合に、債務者が当該債務を履行する能力を失う可能性が高い。
CC	当該債務が不履行になる蓋然性は現時点で非常に高い。不履行はまだ発生していないものの、不履行となるまでの期間にかかわりなく、スタンダード＆プアーズが不履行は事実上確実と予想する場合に「CC」の格付けが用いられる。
C	当該債務は、不履行になる蓋然性が現時点で非常に高いうえに、より高い格付けの債務に比べて優先順位が低い、または最終的な回収見通しが低いと予想される。
D	当該債務の支払いが行われていないか、スタンダード＆プアーズが想定した約束に違反があることを示す。ハイブリッド資本証券以外の債務については、その支払いが期日通り行われない場合、猶予期間の定めがなければ5営業日以内に、猶予期間の定めがあれば猶予期間内か30暦日以内のいずれか早いほうに支払いが行われるとスタンダード＆プアーズが判断する場合を除いて、「D」が用いられる。また、倒産申請あるいはそれに類似した手続きが取られ、例えば自動的停止によって債務不履行が事実上確実である場合にも用いられる。経営難に伴う債務交換（ディストレスト・エクスチェンジ）が実施された場合も、当該債務の格付けは「D」に引き下げられる。
NR	格付けの依頼がない、格付けを確定するには情報が不十分である、またはスタンダード＆プアーズが方針として当該債務に格付けを付与していないことを表す。

出所：『図説　日本の証券市場2022年版』（75頁）

●コラム●　債券は満期まで持ち償還されればリスクはないのか？

　債券について、次のような素朴な疑問を聞くことがあります。

　「国債は破綻すればもちろん買い手は損失を被るが、満期まで持って償還を受ければ損失を被ることはない。満期保有を前提にする限り、債券保有のリスクは発行体が破綻した時のみ」と。いかにもそうだと思わせます。しかしこれは正しくありません。

　確かに、発行者が当初の約束通り利子を支払い、償還金を払い戻せば、損はしなかったように見えます。しかし、これはあくまで名目上の話です。

　3％の金利（クーポン）、期間10年の債券を保有していて、途中で金利が上がり2年目には5％、3年目には7％というように上がり続け、10年後に満期償還を迎えた時には同じ10年の債券の金利が10％になっていたらどうでしょう。

　この債券の保有者は、「あの時点で3％の債券を買うんじゃなかった」「金利がどんどん上がっているにもかかわらず、毎年手にする利子は3％分でしかない」と後悔するはずです。

　つまり、もう少し買う時期を遅らせれば、より高い金利の債券が買えたはずです。この意味では3％の債券を買ったことは、実質的にはリスクを負ったのです。これを**機会収益の逸失リスク**と呼びます。より金利が高い時に買っていた時に比べ少ない収益しか得られなかったからです。

　もう1点。たとえば3年目に「金利が7％まで上がってきたから、これに乗り換えよう」と、持っていた3％クーポンの債券を売りに出せばどうか？

　p.159～で詳しくお話ししますが「金利が上がれば債券の価格は下がる」わけですから、買った時に比べ相当安い値段で売らざるを得ないことになります。つまり値下がり損を被るのです。

　こう考えれば、固定金利型の債券は満期まで持てば、利子も償還時に受け取る金額も当初の予定通りだとは言っても、ある種のリスクを抱えていると考えたほうがいいですね。

第4章

この程度は知っておきたい
債券の投資尺度
（初級）

① 金融商品を収益の源泉で分類する

　「金利」について考える場合には、抽象的な金利や預貯金金利などをイメージするより、具体的な債券の利回りを想定したほうがわかりやすいと思います。

　実際、新聞などのメディアで「金利」「利回り」について報じられる時、多くの場合は「10年国債利回り」を指していることが多いのです。また「金利商品（預貯金もその一種）への買い（需要）が増えると利回りが下がる」なんてことは、債券をイメージしたほうがわかりやすいからです。さらに言えば、わが国でこれからの金利の動きをもっとも早い時点で示すのは債券の利回りです。

　さて、この章では、債券の収益の仕組みならびにその収益を利回りとして表現するための基本を説明します。

　債券といえば、通常の日常業務として預金やローンの世界に慣れ親しんだ人にとっては、ちょっと難解なものと受け取られがちです。なぜでしょうか。

　おそらく、債券が収益の源泉として利子＝インカムゲインのほかに値上がり益、値下がり損＝キャピタルゲイン・ロスという要素を合わせ持っているためです。つまり、収益の源泉が複数あることが「難しい」と感じさせるのです。預金やローンは基本的には利息だけです。

　「値上がり、値下がり」という概念自体ありません。

　しかし債券は、さまざまな金融商品の収益性を総合的に考えるに際しては最も適切なものだと思うのですね。なぜなら、債券の収益の源泉（インカムゲインのほかに値上がり益、値下がり損があり）

がわかれば、他の多くの金融商品の収益の構造がとてもわかりやすくなるからです。

　ここでは、まず金融商品の収益の源泉にはインカムゲインのほかにキャピタルゲイン・ロスがあるという観点から、金融商品の収益構造を整理しておきます。

■インカムゲインとキャピタルゲイン

　金融商品の収益を、その源泉で分類すると2つに分けられます。1つはいわゆる利子収益であり、残る1つは値上がり益あるいは値下がり損です。前者をインカムゲイン、後者をキャピタルゲイン（あるいはロス）と呼びます。

　スーパー定期、期日指定定期預金、金銭信託、定期貯金、定額貯金など旧来から銀行、ゆうちょ銀行などが扱ってきたものはいずれもインカムゲインのみの商品です。これに対して土地、金（きん）などの商品は基本的には値上がりが発生して初めて収益を得られるという構造になっています。

　以上のようなインカムゲインとキャピタルゲイン・ロスという視点に立つと、金融商品は3つのタイプに分類できます。

①第1には、インカムゲインのみから成り立つ商品です。銀行預金、郵便貯金、信託銀行の金銭信託などがこれに該当します。

②これに対して、キャピタルゲイン・ロスのみからなる商品としては金の地金（コインバー）、地金型金貨、貴金属一般、原油などの市況商品が挙げられます。

③さらに第3のタイプに属するのが、以上2つの要素を合わせ持ったものです。株式は配当と値上がり、値下がりという要素を持っていますし、債券も利子収入とキャピタルゲイン・ロスというファクターをもちます。あるいは分配金が払われる多くの投資信託も、このタイプです。

金融商品の収益がどの程度安定的であるかは、基本的にはこのうちどのタイプに属するかによって決まります。

　利子収益は総じて安定的です。インカムゲインがマイナスということはあり得ません。これに対してキャピタルゲイン・ロスという要素はきわめて不安定です。

　また、第3のグループに属する金融商品についてみると、収益に占めるインカム部分とキャピタル部分との比率いかんが、その金融商品の収益の安定性を決めると考えることができます。

　この間の事情は、投資信託を例にとってみるとよくわかります。

　原則として株式投資信託は、株式の組み入れ比率が高くなるにしたがって、リスクもリターンも高くなると説明されます。これは、債券より株式のほうがはるかにキャピタルゲイン・ロスの割合が高いためです。言い換えれば価格の変動率が高いのです。これに対して債券の組み入れが圧倒的な投資信託は、運用成績が総じて安定しています。債券は満期になれば元本が返ってくるため、株式ほどには価格が大きく変動しないからです。

　さらに、株式配当は業績によって変動するのに対して、債券の利子は業績には関係なくあらかじめ決まっているからです。

収益源泉別による金融商品分類

インカムゲインのみ	銀行預金、郵便貯金、金銭信託
キャピタルゲインのみ	金（きん）、銀、白金、不動産（賃貸収入を除く）、小豆、ゴム、骨董品、債券（割引債）
インカムゲインとキャピタルゲイン	債券（利付債）、株式（配当と値上がり・値下がり）多くの投資信託

債券の利回り計算の特殊性

　ここから、債券の利回り計算についての実務を説明します。小学校４年生の算数がわかれば100％理解できますから、どうぞご安心くださいね。

　債券の利回り計算を理解するには、まず債券を所有することで手に入る収益の全体像を知る必要があります。簡単な例で考えてみましょう。

　「なんだかここから数式が始まりそう」。と、ちょっぴり不安という方は、ここで p.54〜の「債券初めて物語」をおさらいしておかれるといいかもしれませんね。

説例

　次のような約束で成り立っている金券があるとします。

①券面に記載されてある金額は100円

②これを購入するには90円を支払えばよい

③この金券を所有している間は、毎年８月20日に５円の利子を受け取れる

④いまからちょうど10年後に、この金券と引き換えに100円（記載金額）の現金が払い戻される

　これが債券の基本的な構造です。

　では、この商品を買い付けて10年後まで保有すると、最終的に手に入る収益はいくらでしょうか。

　まず、この金券を１枚取得するのに要するコストは90円です。つ

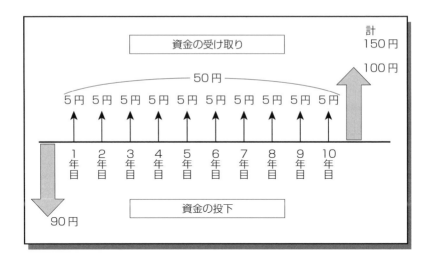

まり投資金額は90円で、10年後までに手にする合計金額は150円です（利子が50円、満期金が100円）。つまり、その差額である60円が収益に相当します。

　これが、この債券所有によって得られる収益の基本的な構造です。全然難しくないですね。

　では、この金券に投資して得られる利回りはいくらでしょうか。10年間に得られた収益が60円だから１年当たり６円、そして、この６円は当初の元本に対していくらの比率であるかというと6.666％です。

6 ÷ 90 × 100 = 6.666（％）　　　（小数点３桁未満切り捨て）

※計算上小数点４桁以下まで算出される時には、３桁未満（４桁以下）は切り捨てるのが原則です。なぜかって？　ここで6.667％にすればこれは「過大表示」ってなりますからね。債券の利回りはあくまで買い手の立場から見て、「間違いなくこれだけの収益は得られる」という考え方が基準になるのです。

　これが債券の利回りの基本的な考え方です。

　次項以降では、「銭」という私たちが日常的には使わない金額の単位が登場します。ただし、理屈は簡単。「1円＝100銭」。これだけのことです。

3 債券の収益性を規定する 3つの要素

　前項の説明で、おぼろげながらにでも債券の利回りについてのアウトラインを把握していただけたと思います。

　では、このような債券の収益性を決めるものは一体何でしょうか。預貯金、金銭信託のような金利商品では、その収益性を規定するものは利率あるいは配当率、つまりは金利（利回り）だけです。債券はこれらとは明らかに異なります。

　債券については「最初に利回りありき」ではなく、いくつかの要素のもとで、結果的に利回りが算出されるものであることがおわかりいただけたでしょう。

　では、前例で言えばその収益性を決める要素は何だったでしょうか。

---

①購入できる価格（90円）

②毎年受け取れる利子の額（5円。額面100円に対する比率は5％）

③金券と引き換えに現金が払い戻されるまでの期間（10年）

④満期時の払い戻し金額（100円）

　この4つです。このうち④については、ほとんどの債券では券面に記載されている金額がそのまま払い戻し金額になるため、現実には①〜③によってこの債券の収益性は決まります。これを**債券の3大要素**と呼びます。

　このうち①の90円は債券の価格（額面100円当たりで示される）、

②の５％（額面100円に対する毎年の利子の比率）は表面利率（あるいはクーポン）、③の10年は償還期限（満期までの期間）と呼びます。

　各要素の基本的な意味は以下の通りです。

■表面利率（クーポン）

　期間10年の国債のクーポンが５％だったとしましょう。これは、額面100円につき１年に５円の利子が払われることを意味しています。もっとも、一般的な債券の利子は年に２回に分けて払われるため、たとえば額面100万円のものであれば、毎回２万5,000円の利子（課税前）が受け取れます。

　クーポンは原則として一切変動しません（一部の個人向け国債等には例外あり）。つまり、上記の債券のクーポンは満期償還を迎えるまでは、一貫して年５％のクーポンが付くのです。

　なお、長期国債のほか地方債（都道府県、市町村などの地方公共団体が発行する債券）、社債（一般の事業会社発行の債券）などの多くの債券では、このクーポンはプラスの数値ですが、これがゼロの債券を総称して割引債と呼びます。海外で発行されているゼロクーポン債などがこれに属します。

■残存期間

　債券が満期を迎えるまでの期間が残存期間です。この場合、特に発行時点での残存期間のことを償還期限と呼ぶこともあります。

　上の例で言うと、長期国債の発行時点での償還期限は10年であり、発行後１年を経過した時点での残存期間は９年です。これは、他の多くの金融商品における満期までの期間と考えて差し支えありません。

　たとえば、個人向けに発行されている５年国債の年限は５年、10年変動金利型国債は10年です。

■（債券の）価格

　債券が発行される時の価格は、銘柄ごとに決まっています。たとえば99円とか100円35銭というようにです。債券の価格はすべて額面100円当たりの価格として示されます。したがって、額面100万円分の国債を100円35銭で購入する時には100万3,500円が必要です。

　ただし、この債券の価格は発行された翌日からその時々の市場での売買に応じて随時変動します。これは株券などとまったく同じメカニズムです。

　以上3つの要素は、あらかじめ決められたうえで発行されますが（これを債券の発行条件という）、このうち変動しないのはクーポンのみであり、価格はその時々の市場での人気によって変動するほか、残存期間は日一日と短くなります。そして、その価格の変動ならびに残存期間の変動によって利回りが変動するのです。

4

債券の最終利回り、所有期間利回りと直利

（1）最終利回りとは

　債券の収益性は一般に、満期時まで保有した時に「最終的にいく
らの収益が得られるか」を前提に計算されます。これを債券の最終
利回りと呼びます。

　何の前提も置かずに債券の「利回り」といった場合、この最終利
回りを指すのが普通です。「10年新発国債の利回りは1.5％台へ上
昇」といった場合の利回りは、この最終利回りです。あるいは、
「日米の長期金利差は3％へ拡大」といった場合の長期金利とは、
日米ともに「10年国債」を指すのが一般的です。

　前項までと多少説明が重複するのですが、ここで10年長期国債の
収益性について整理しておきます。

> **説例**
>
> 　クーポン1.4％、期間10年、価格100円35銭の長期国債の最終
> 的な収益性を求めることを考えてみましょう。話を簡単にする
> ために、この国債を額面100円分購入、10年後の満期時まで保
> 有した場合を想定します。
>
> 　ここで収益計算を行なうのに必要な要素は次の通り。
> ・1年当たりの利子収入；1.4円
> ・1年当たりの値下がり損；3.5銭（（100円－100円35銭）／10年）
> ・投下元本；100円35銭

債券の投資収益を考える

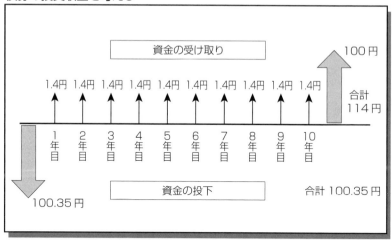

　したがって、この債券の1年当たりの収益の合計を投下元本で割った利回りは、次の式から1.360%となります。

$$利回り = \frac{1.4\,円 - 3.5\,銭}{100\,円\,35\,銭} \times 100 = 1.360\,(\%)$$

（小数点3位未満切り捨て）

※債券の利回りは切捨てが原則。でないと過大表示になることがあるためです

　これを一般式に置き換えると、右ページ上のようになります。これが債券の最終利回りです。つまり「債券を最終（満期時）まで保有した時に確定する1年あたりの利回り」といった程度の意味です。

　なお、債券が新たに発行される段階での最終利回りのことを特に、応募者利回りと呼びます。これは、新規発行債券（新発債＝しんぱつさい）の募集に応じて購入申し込みをする人（応募者）が、これを買い付け、満期まで持った場合に確定する利回りであるため

です。

$$最終利回り = \frac{クーポン + (100 - 購入価格) \div 満期までの年限}{購入価格} \times 100 (\%)$$

(2) 所有期間利回りとは

　前式は、債券を満期時まで保有した時に確定する利回りなのです
が、債券は必ずしも満期まで持つ必要はありません。では満期前に
売る場合の利回りは、どんな式によって求められるのでしょうか。

　最終利回りを算出するプロセスがよく理解できている人にとって
は、たやすい問題ですね。満期時に償還される価格である100円を
売却価格に、満期までの期間を所有期間に置き換えるだけでいいの
ですから。

　したがって、式は次のようになります。これを所有期間利回りと
呼びます。

$$所有期間利回り = \frac{クーポン + (売却価格 - 購入価格) \div 所有年限}{購入価格} \times 100 (\%)$$

　この所有期間利回りは、「実際に売却した結果、所有している間
の運用利回りはどれだけだったか」を測るだけではなく、「これか
ら x 年後に y の価格で売れると想定した場合には結果的にどれだけ
の所有期間利回りが得られるか」という仮定の設問に対しても使う
ことができます。

(3) 直接利回りとは

一方、最終利回りを算出する式は次のように変形できます。

$$\text{最終利回り} = \left\{ \underbrace{\frac{\text{クーポン}}{\text{購入価格}}}_{①} + \underbrace{\frac{(100 - \text{購入価格}) \div \text{満期までの年限}}{\text{購入価格}}}_{②} \right\} \times 100 \, (\%)$$

このうち①は、利子収入（クーポン）の投下元本に対する比率を、②は1年当たり値上がり益の元本に対する割合を示します。

ただし、このうちの②の部分は、満期償還を迎えて初めて確定する利益であり、それまでに実現する収益は①の部分のみです。したがって、①の部分のみを基準に利回りを算出するという考え方もあります。これを直接利回り（直利）と呼びます。

$$\text{直接利回り（直利）} = \frac{\text{クーポン}}{\text{購入価格}} \times 100 \, (\%)$$

つまり、毎年確実に手に入れることのできる利子が当初元本に対していくらの比率であるかだけを示すのが直利なのです。

これは、満期まで保有するのではなく、途中売却を想定しているために「とりあえず毎年確実に得られる利子が投下元本に対していくらか」という指標が必要な場合によく用いられます。

この直接利回りは、個人投資家にはあまり意識されてはいませんが、企業などの法人投資家が債券を購入するに際しては重視されます。企業などは債券を満期時まで保有するだけではなく、途中で売ることを想定して購入することが多いためです。

　この場合には、売却価格はともかく、購入すれば年にいくらの割合で利子が手に入るかが重要だからです。

　もっとも個人でも、債券から得られる利息収入を年金の感覚で定期的に受け取ろうとする場合には、有効な利回り指標です。

　ここで、債券の収益性を直感的に理解するために、いくつかの定理を掲げておきます。

■定理■

①他の条件が一定である場合には、クーポンが高いほどその債券の収益性は高い。

②他の条件が一定である場合には、価格が低いほうが収益性が高い。すなわち、値上がり益が大きい。

③価格が100円未満である場合には、満期までの期間が短いほど、利回りは高い。逆に価格が100円を超えている時には、満期までの期間が短いほど、利回りは低い。

●コラム● 直利指向

　投資家によって債券投資に際して重要視する尺度が異なります。大別すると最終利回り重視派と直接利回り重視派です。

　生命保険会社などは債券を長期にわたって、あるいは満期まで保有することを前提にするのが普通です。このような債券投資のスタイルでは、最終利回りが重視されます。

　これに対して、短期で売ることが想定されるような債券投資では、保有期間中の受取利子の比率（直利）が高いほうがいいため、直利が重視されがちです。

　後者のような投資スタンスを直利指向といいます。

5 債券には利付債と割引債がある

　第2章で説明した通り債券の分類方法にはいくつかありますが、その1つが利付債と割引債の別です。このうち前項で触れたのは利付債。つまり、償還されるまで毎年定期的に決められた利子が支払われるというものです。

　これに対して割引債は、途中では一切利子が支払われないかわりに、額面を大幅に割り込んだ価格で発行されます。「割引」と称されるゆえんです。海外で発行された割引債は一般にゼロクーポン債といいます。

　利付債と割引債の収益構造は、次ページの図のように理解するといいでしょう。ともに、5年債です。利付債では、99円50銭の投下資金に対して最終的に受け取る元利合計は135円。これに対して割引債では当初72円を投下し、満期日には100円の満期償還金を受け取るわけです。

■割引債（1年超）は複利で考える

　では、このうち割引債の収益性についてはどう考えればいいのでしょうか。

　単純に『72円が5年後に100円になるわけだから収益分は28円。つまり、1年当たり平均では5円60銭。これは、72円に対して7.77％にあたる』としていいのでしょうか。

　前項で説明した利付債の収益の考え方からいうと、これでいいはずです。ところが実際には、このように期間が5年の割引債については、以上のような利回り計算は行ないません。

　期間1年を超える割引債は、1年複利の考え方によることになっ

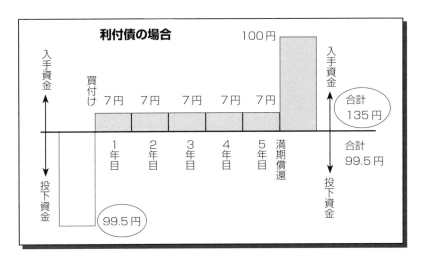

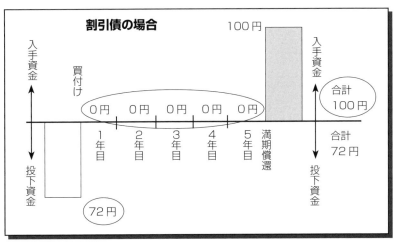

ています。つまり次の式を満たすような利回り X を求めればいい
のです。

$$72 \times \left(1 + \frac{X}{100}\right)^5 = 100$$

$$\left\{\left(\sqrt[5]{\frac{100}{72}}\right) - 1\right\} \times 100 = X \quad \text{あるいは} \quad \left\{\left(\frac{100}{72}\right)^{\frac{1}{5}} - 1\right\} \times 100 = X$$

この場合には、年複利で6.790%となります。

一般式は次のようになります。

$$\text{期間1年超の割引債の利回り} = \left\{\left(\sqrt[t]{\frac{100}{\text{価格}}}\right) - 1\right\} \times 100(\%)$$

t:年限

●コラム● ゼロクーポン債

　ゼロクーポン債とは文字通りクーポンがゼロの債券。つまりわが国流に言うと割引債です。

　ただし、ゼロクーポン債といえば米国市場などで米国や欧州の政府機関や企業が発行する長期の外貨建ての割引債券を指すのが一般的です。通貨は外貨建て。その多くが米ドル建てです。

　期間は通常、10年以上30年程度という長期のものが中心です。

　このような長期の割引債なので、額面金額に比べて発行価格および市場価格が非常に低いという特徴を持ちます。

6 債券の価格が上がれば利回りは低下する理由（その1—数式で考える）

　前項までで、債券の最終利回りの概念ならびにその計算の基本を説明しました。これが終わったところでやっと、数式を用いて説明できるとても大事なテーマがあります。

　「債券は価格の上下と利回りの上下とは逆。価格が上がれば利回りは下がり、価格が下がれば利回りは上がる」。初心者にはちょっとわかりにくいテーマかもしれません。

　実際、債券利回りの変動を報じるニュースなどは、この点を踏まえておかなければチンプンカンプンになることが多いです。たとえば次のようなセンテンスが頻繁に用いられるからです。

・「売りが増えたので利回りは2.5%へ上昇」
・「10年国債の利回り上昇に伴い価格は下落」

　「売りが増えればそのものの価値が下がるんだから、利回りも下がるんでしょ」とおっしゃるかもしれません。でもこれは完全に真逆です。なぜでしょう。まず、これまでに学んだ数式で考えてみましょう。

　p.152〜153で説明した"価格から最終利回りを算出する数式"がそれです。

┌─**設例**─

　クーポン2.5%、期間10年の長期国債の価格が99円から一気に101円に上がった。最終利回りはどのように変化したでしょうか。

$$（価格99円）\quad \frac{2.5 + （100 - 99） \div 10}{99} \times 100 = 2.626（\%）$$

$$（価格101円）\quad \frac{2.5 + （100 - 101） \div 10}{101} \times 100 = 2.376（\%）$$

　これは簡単です。最終利回りは2.626％から2.376％へと下がっています。つまり、価格が上がれば利回りは下がるってわけです。「買いが増えれば価格は上がる」⇒「利回りは下がる」というわけです。

　これを逆に言うと「利回りが上がったということは、価格が下がったことを意味する」となります。

⑦ 債券の価格が上がれば利回りは 低下する理由 (その2─それ以外の方法で考える)

　以上の説明はもっとも正統的な方法です。しかし、人間の頭の構造は実に様々。

　同じことを理解するに際しても、できれば2つ以上の方法を手にしていたほうがいいと思います。

　ここでは会話を通していくつかの方法で説明してみます。

■その1──。割引債の場合（利子の支払いはなし）

私　「券面に100円と書いてある債券があるとするね。満期は今から
　　　ちょうど1年先だよ」

読者（あなた）「ということは、これを持ってれば1年後の満期の
　　　時に100円で払い戻してもらえるんだよね」

私　「まったくその通り。で、これを買いに証券会社に行ったら80
　　　円だったとしよう」

あなた「ああ」

私　「でね。その時持ち合わせがなくて午後再びその証券会社を訪
　　　ねたら、90円だって言われた」

あなた　「値段が上がっていたんだね」

私　「そう。じゃあ午前中のこの債券の利回りと午後の利回りとど
　　　ちらが高い？」

あなた　「そりゃ、午後のほうが低いよね」

私　「そう。なぜ？」

あなた　「当たり前じゃない。80円で買って1年後に100円で払い戻
　　　してもらうより、90円で買って100円で払い戻してもらうほう
　　　が収益は低いよね」

私　「つまり、値段が上がれば利回りは下がるってことだよね」

■その２──。利付債で説明する（毎年２％の利子あり）

あなた　「では、途中で利子が受け取れる債券の場合はどう？」

私　「うん。今度は満期までが２年で毎年券面金額（100円）の２％分の利子がもらえる債券を想定してみるね」

あなた　「うん」

私　「で、この債券が80円の時と90円の時を比べてみよう」

あなた　「はい」

私　「前に言ったように80円で買って100円で払い戻しを受けるほうが有利だよね。つまり利回りが高い」

あなた　「そう。でもこの場合それに加えて途中で利子を受け取るよね」

私　「その通りだね。で、80円で買った時には１年後に２円の利子がもらえるよね」

あなた　「そうだね」

私　「一方、90円で買った時も１年後に２円の利子がもらえるね」

あなた　「当然だね」

私　「だったら、同じ２円の利子をもらうのに80円で買った時のほうが有利なはずだよね」

あなた　「そうか。つまり、どっからみても80円で買ったほうが有利、すなわち利回りが高いってことだね」

■その３──。直感的に理解する。

　以上でも「まだちょっとわかりづらい？？」という人は次へどうぞ。

私　「同じ債券を同時期に買った人は、満期まで持って払い戻しを受けるまでに受け取る元利合計は同じだよね」

あなた　「うん。さっきの例だと104円だね」

私　「そう。ということは、満期までに同じ金額を返してもらえる

　んだったら、安く買えたほうが得だよね。すなわち価格が安い
　＝買う人にとって得＝利回りが高い、ってことだよね」

あなた　「ああ、そうだね」

私　「つまり、利回りが上がっているってことは価格が下がってい
　るということ」

 もう１つおまけです。

■その４──。

私　「クーポンが２％の債券があったとするね。これはまだ金利が
　低い時に発行されたものだ。ところが、急に世間一般の金利が
　上がった。で、今日新しく発行された債券のクーポンが５％
　だったとする。こんなことは現実にはないが、ものごとの変化
　をイメージするには極端な例のほうがわかりやすい」

あなた　「それじゃ、低金利の時に発行された２％クーポンの債券
　は不人気になるでしょうね」

私　「そう、みんな新しく発行された５％クーポンの債券を買うよね」

あなた　「うん」

私　「じゃ、すでに発行されていた２％クーポンの債券の価格はど
　うなると思う？」

あなた　「あ、そうか。人気がなくなるため、売られて価格は下が
　るよね」

私　「そう。だから金利が上がると、すでにあった債券の価格は下
　がるってわけだ」

　さて、これだけのイメージを持っていれば、もう迷うことはない
ですね。

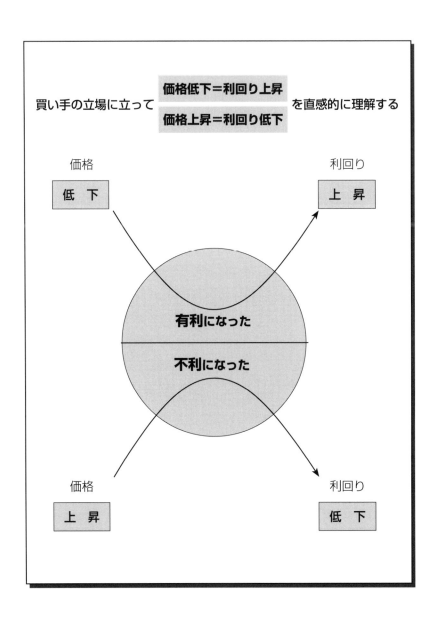

買い手の立場に立って **価格低下＝利回り上昇** **価格上昇＝利回り低下** を直感的に理解する

価格 　　　　　　　　　　　　　　　　利回り

| 低　下 | | 上　昇 |

有利になった

不利になった

価格 　　　　　　　　　　　　　　　　利回り

| 上　昇 | | 低　下 |

●コラム● なぜ債券は価格ではなく利回りで表示されるのか？

　ここまでのお話がおおよそわかっていただければ、この表題の疑問は解けるはずです。というわけで……。

　トヨタ自動車が発行する３年のA債券、価格は98円。東京電力が発行する同じく３年のB債券の価格は92円。２つの債券（いずれも額面は100万円）があるとしましょう。

　これを持っていれば、どちらも３年後に元本100万円を返してくれる。これは債券の基本ですね。

　さて、Aは毎年３万円の利子がもらえる。Bは１万円しかもらえないとします。一方、Aは98万円出さなければ買えないが、Bは92万円で買える。さて、どちらが有利でしょうか？

（トヨタ自動車債A）	（東京電力債B）
クーポン：３％	クーポン：１％
価格：98円	価格：92円

　どっちが得なの？　それを知るためにはどうすればいい？

　価格とクーポンをばらばらに見ただけでは判断できません。当たり前です。

　債券を買う、あるいはお金を相手に託すことの見返りに期待するのは「いくらで買えるか」ではなく「それを買って満期まで持ったら、年あたりどの程度の利回りが期待できるか」なのですね。

　これは、以下のように計算して初めて、その投資価値を比較できます。すでにお話した利回りを求める式ですね。

$$A: \frac{3+(100-98)\div 3}{98} \times 100 = 3.741(\%)$$

$$B: \frac{1+(100-92)\div 3}{92} \times 100 = 3.985(\%) \Rightarrow トク!!$$

　つまり、どちらを買うべきかを判断するには、価格ではなく、利回りで示されて初めて可能になるのです。

第5章

そもそも金利は
なぜ変動するの？

① 金利を巡る基本メカニズムを マスターするために

　この章では、金利、とりわけ債券相場（利回り）の変動が経済社会で果たしている、きわめて重要な役割を理解するための基礎を網羅してあります。

　すなわち、債券の利回り（金利）はどんな要因によって変化するのか。それが変動すればほかの多くの経済ファクターにどんな影響を与えるのか、についての基本メカニズムを順を追ってお話ししようというわけです。

　本書のなかでも、債券の社会経済的役割について理解するためには最も重要な章です。では……。

　債券は原則として、市場における自由な需給バランスに応じてその取引条件（価格ならびに利回り）が決まります。

　つまり、様々な取引動機を抱えた多くの投資家によって売買されているため、取引に参加する投資家の総意によって取引条件＝利回りが決まるのです。

　この章では、「そもそも金利はどのようにして決まるのか」「金利とは、他の多くの経済ファクターからどのような影響を受けながら形成されるのか」についての基本を説明していきます。

　少なくとも新聞やテレビ、ラジオ、あるいはネット上での中長期の金利についての報道は、そのほとんどが「債券が買われて金利は低下した」「資金の国外流出に伴って債券の売りが増えたことが、国内金利上昇の背景にある」というように、債券の売り買いという文脈を通じて報じられます。

主要経済ファクター間のメカニズム

景気（実体経済）

経済・金融政策

為替

金利

物価・商品

株価

■4K1B の図の見方

　以下を読み進むうえでは、別掲図のようなイメージをお持ちいただきたいと思います。

　これは、実体経済（景気）、為替、株価、物価（商品市況）、金融政策、そして金利という経済社会を動かしている要因をいくつかに分けたうえで、それらの間にどんな因果関係が働いているのかを図式化したものです。

　私が30年以上も前から経済動向の関連性を語るに際して使ってきた図です（4K1B の図（4K：「景気」「金利」「株価」「為替」、1B：「物価」））。ここでは特に、金利というファクターに関連するメカニズム（太線部分）だけを取り出して、お話しします。

　前半では「金利はなぜ動くのか」をお話しし、次いで「金利が動けばそれ以外の経済ファクターにどのような影響を与えるのか」という順に説明していきましょう。

なお、ここでは従来の経済常識（原則）とされてきたメカニズム
に続き、昨今の経済構造の変化などに伴い、これまでには見られな
かった新しいメカニズムが働き始めている点についても説明しま
す。

　特に過去10年くらいの間に、わが国の経済構造が大きく変化して
きたことに伴い、従来からの"常識"が必ずしも"常識"ではなく
なってきたことが多々あります。そんな点についても合わせて説明
していきます。

② 景気が後退すれば金利は下がる

> 　景気が悪化すれば、景気立て直しのために日銀は金利を下げ
> る。これにより、貸出金利なども下がるため企業などの借り手
> は、以前に比べてより積極的に借り入れを行い、それを設備投
> 資や人件費などに使う。企業業績は拡大し、賃金も増えるた
> め、生産は増え、消費も増え、景気は拡大していく。

　金利の変動を見ていくうえでもっとも注目すべきことは、景気と
の関連です。景気がどのように金利を動かすかというテーマです。
　わが国では1990年ごろから、長短金利ともにほとんど下がり続け
ています。これはこの時期には、わが国の経済成長率がかつて経験

史上空前の水準まで下げた日本の長短金利

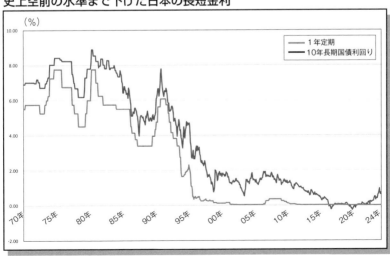

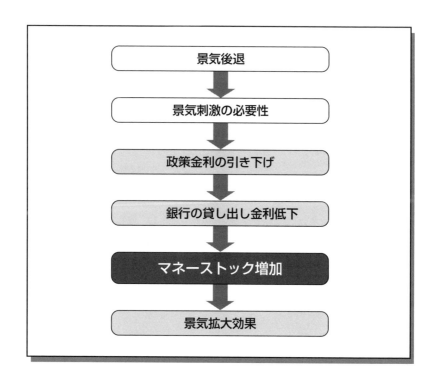

景気後退

↓

景気刺激の必要性

↓

政策金利の引き下げ

↓

銀行の貸し出し金利低下

↓

マネーストック増加

↓

景気拡大効果

したことがないくらい低迷したからです。

　では、どうして景気が悪ければ金利は下がるのでしょうか。

　私たちは教科書で次のように習ったはずです。

　景気が悪ければ、日銀は景気を刺激するための金融政策を行ないます。つまり政策金利を下げていくわけです。で、日銀が金利を下げると民間金融機関は、一般の企業に対する貸し出し金利も下げることができます。

　企業向け貸し出し金利が下がれば、企業はそれ以前に比べて積極的に銀行借り入れを利用しようとします。つまり、企業はより多くの資金を使えるようになるのです。

　であれば、この資金を用いて、工作機械を新たに買い入れ、まだ

減価償却が終わっていないリース物件を廃棄、新たにリースを利用
し、あるいは雇用を増やそうとします。これらはいずれも企業の業
績を引き上げ、ひいては景気の上昇を促します。

　つまり、以上のような効果を期待して日本銀行は政策金利を下げ
るのです。そしてそれに連れて、他の諸々の金利も下がってくるこ
とになります。

3 景気が上昇すれば金利は上がる

> 景気が拡大している時には、個人および民間企業の資金需要が高まるために貸し出し金利は上昇する。さらには、貯蓄意欲の減退を背景に金利商品一般の金利は上昇する。

「景気が底を打ったので金利は上がりそう」といいます。あるいは、米国で景気拡大を示す経済データが発表されると、米国債に代表される金利が上昇するのが基本です。

たとえば、失業率の低下、GDP の増大、雇用者の増加、小売売上高の急速な伸びなどは、米国債の利回り上昇を促します。

これは何を意味しているのでしょうか。なぜ、景気拡大が金利の上昇を招くのか。これは、経済ファクターの間に働くメカニズムのうち最も基本的なテーマです。

まず、景気がいい（あるいはさらに景気が上昇する）ということを、『民間企業一般に製品などの売れ行きがいいから設備投資が活発である。さらには運転資金需要が高まってきている』という側面から考えてみましょう。こんな時、企業はより多くの資金を必要とします。

そこで、銀行から新たに資金を借り入れたり、保有している債券を売って現金化しようとします。債券の売りが増えれば債券価格が下がり、利回りは上がります。銀行借り入れが増えれば、銀行は貸し出し金利を上げます。それでも借り手は多くいるためです。とともに銀行は、貸し出し増加に応じるため、手持ちの債券を売ってそ

景気よければ金利上がり、景気低迷で金利低下

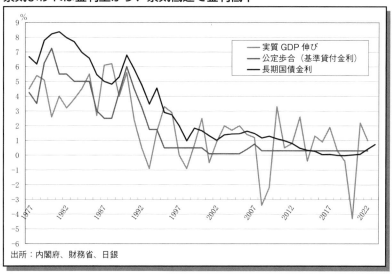

出所：内閣府、財務省、日銀

れを資金化しようとします。これも債券利回りの上昇を招きます。

　つまり、「景気が上昇（企業活動が活発である）→企業は資金が必要→借り入れが増える→金利が上がる」となるのです。

　しかし、グラフを見る通り昨今ではこのメカニズムがあまり働かなくなってきたのです。なぜか？

【新しい常識】

　1つは、長引く低成長経済の下で日銀が超金融緩和策を採用、金利をかつてない低い水準に抑え込んでいるからです。だから多少景気が良くなる兆しが出ても「まだ本格的な景気拡大ではないだろうから、まだもう少し緩和政策を続け、金利も低く抑えておく必要がるだろう」との判断に傾きがちなのですね。

　2つ目は、もう少し構造的なことです。景気拡大で金利が上がる、というこれまでの常識は、「企業部門は資金が不足」→「設備

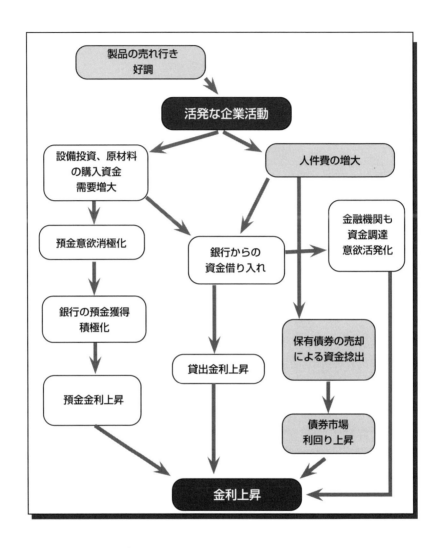

投資などで借り入れが必要」という前提がありました。

　しかし、いまでは企業はお金が必要になっても、外部から調達する必要がなくなってきた企業が多くなったのです。ここが最大のポイントです。

　わが国の企業部門は、すでに20年以上も前から資金余剰になっ

ていたのです。企業は「お金が不足している」のではなく「お金が
余っている」部門になっていたのです。

　ですから、資金が必要になっても改めて銀行から借りる必要性が
薄くなってきました。借入れ需要がそれほど高まらなければ金利は
上がりません。こうして、景気が多少良くなっても金利は上がりに
くくなってきたのです。

④ 物価が上がれば金利も上がる

> 物価がドンドン上昇している時には、消費や設備投資が拡大するのに合わせて資金への需要が高まるため、金利が上昇するのが原則だ。ここで言う資金需要の高まりは、①借り入れが増える、②債券の売却増加、③貯蓄意欲の減退、④日銀による金利引上げ——といった現象として表われる。

　マネー経済を読む場合に、見過ごすことのできないデータの1つが物価です。物価上昇が続いているケースを想定します。この場合、他の条件が変わらなければ個人、法人ともに「早目に買おう」と考えます。

　この時、次のような現象が起こります。

①銀行借り入れが増える

　銀行借り入れが増えると、銀行は貸し出し金利を引き上げようとします。これは需要と供給の原則に基づくものです（少数者有利、多数者不利の原則）。

②債券の売却が増える

　現金捻出のための債券の売りが増えるため価格が下がり、利回りは上がります。つまり、金利全般が上がっていきます。

③貯蓄意欲が減退する

　家計も企業も預金への意欲が減退します。むしろ預金を引き出して消費に使おうとするでしょう。この時銀行は、多少金利

インフレ率と金利の連動性を検証する

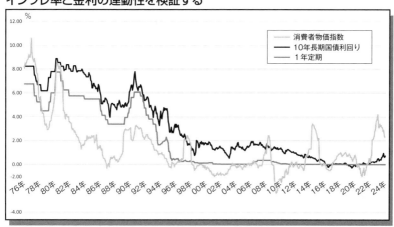

を引き上げてでも預金を集めたいと考えるはずです。

④政策金利の引き上げ

　物価が上がりすぎると、消費者の生活費が圧迫され景気は悪化しがちです。それを防ぐために、日銀は政策金利を引き上げます。金利が上がれば、人々の借り入れが減り、使えるお金が減り、消費も減るため、物価上昇にブレーキをかけると期待されるからです。

　以上のような現象はいずれも、金利の引き上げにつながるというわけです。すなわち『物価高＝金利高あるいは金利上昇』であり『物価鎮静＝金利安あるいは金利低下』という図式が成り立ちます。

　2021年以降、コロナパンデミックで世界的に物流が滞ってあらゆる物価が上がったのに続き、ロシアのウクライナ侵攻で原油や小麦価格などが高騰しました。これを受け、米国や欧州など世界各国の金利が急上昇したことは記憶に新しいところです。

前ページのグラフに見る通り、過去のデータは実に雄弁に「物価上昇→金利上昇」の経済メカニズムを実証しています。

　1978〜1980年の第二次オイルショック、1988〜1989年のバブル景気、そして2000年代前半の世界的な景気拡大時、そして2021年からのコロナショックとロシアのウクライナ侵攻時の物流停滞によるインフレ時には例外なく金利は上がっています。

■新しい常識

　しかし、日本では最近、この古典的なメカニズムも働きづらくなってきました。なぜか？

　先に「他の条件がそれ以前と変わらなければ」とお話ししましたが、ここがポイントです。「物価が上がると金利が上がる」という旧来の常識は、人々は「値段が上がると思えば、早めに買う」という前提がありました。ところが、その前提が覆りつつあるのです。なぜか？

　これまでの日本経済は、安定雇用のもとで、賃金は上がり、生活が豊かになっていくはずという安心感がありました。しかし、いまは事情が違います。

　社会保障の縮小、相次ぐ消費税の増税、急速な高齢化などで家計負担は増える一方。従来のような経済的に安定した将来像を描けなくなってきました。そして生活防衛を第一に考え、将来に備えて消費を抑制するのが生活習慣と化してきたのです。

　と同時に新品を買わないという生活スタイルが広く浸透してきました。デジタル技術の進展により生まれた「ヤフオク」や「メルカリ」「ジモティー」等、スマホ上で簡単に利用できる中古品の売買システムがそれを可能にしました。モノ（新品）が売れなければ「企業」も積極的な設備投資はできません。

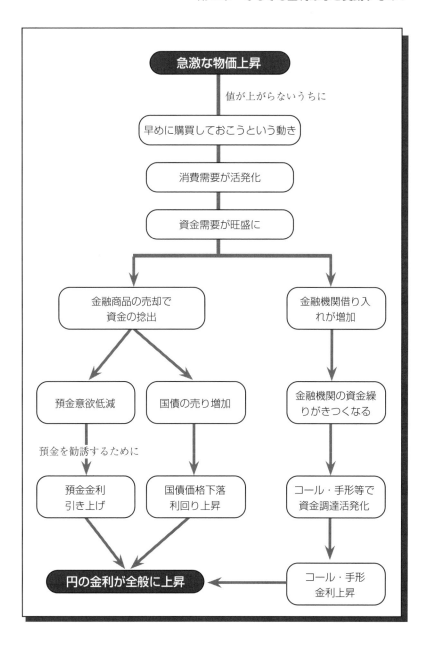

だから企業は、物価が上がると思っても、繰り上げて設備投資を積極的に行なおうという意欲が乏しくなってきたのです。

　つまり、近年では投資、消費を抑制している企業や個人の借り入れが増えないため、金利は上がらなくなってきたのです。繰り返しますが、これは特に日本で顕著です。

5　為替変動が金利に与える影響

> 　為替相場が上がると見込まれる通貨の金利商品には買いが増
> えるため、その金利は低下すると読むのが原則。債券に買いが
> 増えれば価格は上がり、利回りは下がるメカニズムについては
> すでに話した通り（p.159〜参照）。

　では、為替相場の動きは、金利にどんな影響を与えるのでしょう
か。円高・ドル安になり、今後さらに円高・ドル安が進むことが予
想されるケースをイメージしてください。この時、以下のような動
きが活発になるはずです。

> 　①これまで米国のドル建て債券で運用してきたわが国の投資
> 家は、これを売って円に換え、この円で国内の債券を買う。ド
> ル建てで資産を持ち続けていればドル安で損をするからです。
> 1万ドルの資産を持っている人にとって、1ドル＝200円から
> 100円へと円高になるということは、円に直せば200万円から
> 100万円に資産が減ってしまうことを意味するのですからね。
> 　②米国の投資家も、手持ちのドル建て債券を売ってドル
> キャッシュを手にし、それを円に換えて、日本国債で運用する。

　以上は同じことを意味しています。つまり、世界を股にかけた資
産運用の大原則は「運用期間中にその通貨の価値が高くなる通貨で
運用すべし」であるからです。ではこうした動きは、わが国の債券

円高は日本の金利を引き下げる（～2023年）

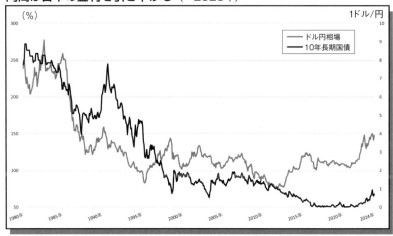

利回りにどんな影響を及ぼすでしょうか？

　円高が予想される場合には、以上のようにわが国の国債への買いが増えるため、国債の価格は上がり、逆に利回りは下がります。

　一方、米国の側からみると、米国債は売られるわけですから、価格は下がり利回りは上がります。

　以上を要約すると、『今後為替相場が上昇するだろう通貨の金利は低下、下落すると見られる通貨の金利は上昇する』となるわけです。

　ただし、以上のメカニズムが働くためには『為替相場が高くなった』→『これからも高くなるだろう』という予想につながらなくてはなりません。

　その意味では、『為替相場の変動そのものが金利に影響する』というよりは、『今後の為替相場の変動への予想が金利に影響する』というべきでしょう。

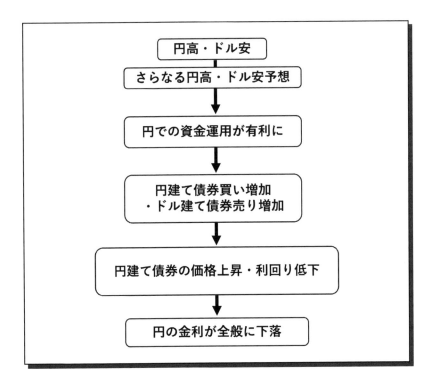

6 預貯金の 実質目減り時代がやって来た

　「預貯金はインフレに対して最低限のヘッジ機能を持つ」。これが従来の原則でした。前項で説明したとおり、物価が上がればそれに応じて金利が上がり、預貯金金利が上がるというメカニズムが働くからです。何よりも過去のデータがそれを証明していました。次ページのグラフでわかる通り、おおむね2000年以前は、預金金利はインフレ率を上回っていたのですね。

　しかし2010年代後半に至り、預貯金金利は総じて物価上昇率を下回ってきています。つまり、預貯金はすでに実質的に目減りし始めているのです。つまり、「預金でも最低限のインフレヘッジができた」という原則が通じなくなってきたのです。

　過去にも、預貯金の目減りが起こったことは幾度かあります。しかし、いずれもせいぜい１年程度で終息していました。ところが現在の預貯金目減りは従来とは異なり、相当長期化する可能性が高いのです。以下、この間の事情をていねいに見ていきましょう。

（1）かつては預金でインフレを防げたのだが

　次ページの図のとおり通り、物価（消費者物価指数））と金利（預金、国債利回り）はよく似た動きを示します。理由はすでに説明した通りです。さらには詳細にみるとわかる通り、1997年以前は、原則として預金利子で、物価の上昇をカバーできていたのです。これが全体のトレンドです。

　しかし、その後の物価上昇局面では、金利はほとんど反応してい

かつてはインフレ率を上回っていた預金金利

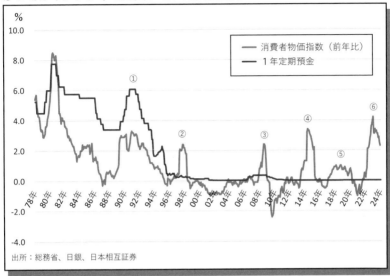

出所：総務省、日銀、日本相互証券

ません。

　図中①の物価上昇は1989年の消費税の導入（３％）によるもので
す。さらに、日銀が当時としては公定歩合を過去最低の2.5％に設
定したことが引き金になって地価、株価が急騰し、一般の物価もそ
れなりに上昇しました。

　このころまでは、物価が上がれば金利も上がり、物価が下がれば
金利も下がっています。つまりよく似た動きを示しています。ピー
ク、ボトムも時期はだいたい合致しています。そんな時期が1997年
ごろまで続いています。

　しかし、その後は様相が一変していることがわかります。②は消費
税の引き上げ（３％⇒５％）、③は中国などの新興国の急速な工業化
で原油、資源への需要が急増したことで世界的に物価が上がった時で
す。さらには2014年、2019年と相次いで消費増税（④、⑤）が行なわ
れて一時的に物価は上がっています。その間、金利はほとんど反応し

ていません。2022年からのインフレ（⑥）に際してもそうです。

（2）1997年を境に上がらなくなった金利

　つまり、1997年以降は、物価が上がろうが下がろうが、長短とも
に金利はほとんど反応していないのです。物価が上昇しているのに
金利は上がっていない。「おかしいな」。そう、すでに述べたこれま
での常識からすればおかしい。一体何が起こっているのでしょうか？

　こう言うと「だっていまは日銀が金利を低くコントロールしてい
るんでしょ」「であれば金利が上がらないのは当然だよね」って声
が聞こえてきそうです。たしかにそういった側面はあります。しか
し、それ以外にもとても大事なことがあります。

　実はすでに20年以上も前から、物価上昇が金利を押し上げるとい
うエネルギーが、弱くなってきているのです。いくつかの理由があ
ります。

　最大の理由は、企業が銀行借り入れなど積極的な資金の調達を行
わなくなってきたためです。つまり、大企業を中心に巨額の余裕資
金をため込んできた結果、新たな資金借り入れ需要が乏しくなって
きたのです。言ってみれば、自前の銀行を企業内に持ってしまった
ようなものです。借り入れが減れば当然金利は上がりません。

　2つ目には、少子高齢化社会が急速に進展するなかで、消費が低
迷し始めたので、多くの企業が少なくとも国内での生産を抑制する
ため、設備投資を抑えてきたのです。これも、企業の借り入れ意欲
をそぐことになりました。

　さて、このように物価が上がっても金利は上がりにくいという環
境に変化してきたことは、何を意味するでしょうか？

　他でもありません。預貯金の実質的な価値がどんどん下落する時

もう預金はインフレをヘッジしてくれない

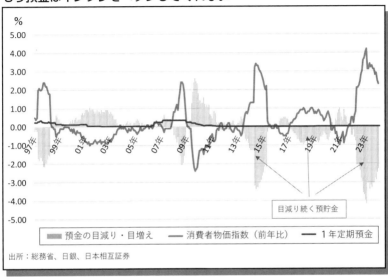

出所：総務省、日銀、日本相互証券

代になってきたのです。つまり目減り。現在の日銀が推進している政策は「安定的にインフレ率が２％となることが見込める状況に至って初めて、金融緩和を見直す」というものです。つまり、常識的にみて２％以上のインフレが相当期間にわたってコンスタントに続かない限り、預貯金金利が０％→１％→２％というように本格的に上がる可能性はほとんどないということなのです。ということは、ここしばらくは、預金ではインフレを防御することは不可能だと考えたほうがいいでしょう。

　たとえ２％以上のインフレが継続しても、日本経済の底力が相当落ちてきていることを考慮すれば、日銀が本格的な金利の引き上げに向かうとは思えません。

　つまり、少なくともここ数年は預貯金金利の本格的な上昇は望み薄と見たほうがいいと思います。

　その間に預貯金の実質的な目減りは続くことになりそうです。

7 株価も金利に対して 影響力を持つ

> 　株価が下がれば、景気後退に歯止めをかけるために、政策的に金利は下げられるのが常です。この場合、同時に「株安」→「株式から債券へ資金が移動」→「債券価格の上昇＝利回りの低下」というメカニズムも働きます。

　右ページのグラフは、過去35年間の株価と金利の動きの関係を検証したものです。2013年ごろまでは相当程度連動しています。つまり、「株価上昇」と「金利上昇」がセットになり、「株価が下がっている時には」→「金利も下がっている」ことがわかります。

　これは株価の変動が金利に対して大きな影響を及ぼすことを示しているのですが、これは大別すると2つのプロセスから説明できます。

　株価下落をイメージしてください。この場合「さらに株価が下がる」と人々は考えます。マーケットでは一般に、上がり続けている時には「さらに上がるだろう」と予想、下がっている時には「さらに下がる可能性が高い」と読むことが多いのです。これを「順張り」と言います。特に上がり始め、下がり始めの局面では順張りの予想が大勢を占めます。

　この時、「株価下落が予想される」のですから、株式の売り（株式市場からの資金流出）が増えます。そして、その資金の一部は債券市場に流入します。つまり債券が買われるのです。債券が買われれば、債券価格は上昇、利回りは下がります。そして多くの金利も

金利と株価は同じ方向で動くのが基本だったが……

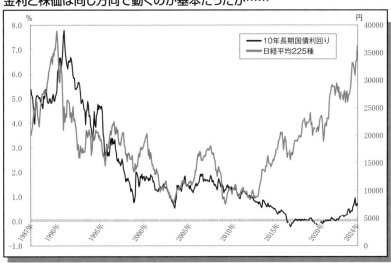

下がる。これが１つ目のメカニズムです。

　２つ目には「株安」で企業、個人の保有株式の評価額は下がります。しかも、株安は近い将来の企業業績の悪化を予見していることが多いのです。つまり景気の悪化です。

　この時、企業は設備投資や研究開発への意欲がそがれ、個人も「株式の損失が膨れ上がってきたので消費は抑制しよう」と考えます。つまり企業、個人ともに経済活動のエネルギーレベルが下がるのです。

　こうして景気後退への懸念が強まってくると、日銀による政策金利の引き下げ（＝利下げ）が予想されます。すなわち、金利引き下げによって民間へ低利の資金供給を促すという政策が期待されるのです。そして、このような利下げが予想されると、それを先取りして債券の利回りも下落するというわけです（このあたりの詳細な事情は次の項で説明します）。

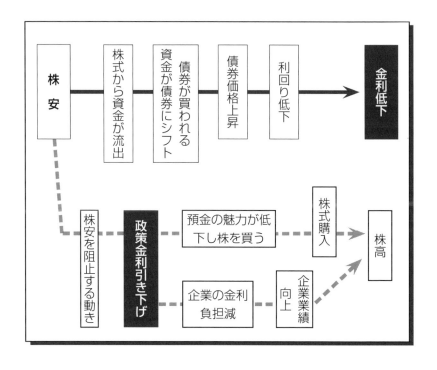

　ここでわかる通り、株価と債券利回りとは同じ方向で動くことが
多いのです。言いかえれば「株式相場と債券相場（価格）は逆に動
く」のが原則です。

　ここでは「いまは債券にお金を投じたほうがいいのか」「それと
も株式のほうが得か」というように「債券」と「株式」が比較され
ています。「どっちにしようかな」というわけです。

　このようなメカニズムが働くからこそ、「債券」と「株式」を組
みあわせて運用すれば収益が安定するのです。投資信託でもそうで
すね。

　以上とは逆に、株価が順調に上がり続けている時には、「先行き企
業業績が良くなるな」→「企業の資金需要も増えるだろう」→「借
り入れが増え金利も上がってくるだろう」と多くの人が考えます。

　つまり、「債券価格は下がるだろう」と予想するわけですから、実際に債券の売りが増えます。「債券売却」→「債券価格下落」→「債券利回り上昇」となるわけです。

　　　◇　　　　　◇　　　　　◇　　　　　◇

■新しい常識

　昨今では、株価の上昇に応じて金利が上がるという関係は薄れてきています。これはグラフにみる通りです。

　特に、2013年あたりからその傾向が顕著です。つまり「株価は上昇し」かつ「債券利回りは低下（債券価格は上昇）」しているのです。

　これは、日銀が極端なくらいの金融緩和政策をとっているのが主因です。すなわち、日銀から買いオペなどを通じて供給された大量のマネーが株、債券の両方に向かっている（買われている）ためです。

　「株か債券か」ではなく「株も債券も」となって、ともに価格が上がるという状況が続いているのです。

　言い換えれば、「株価→金利」ではなく「金利が低いから→株が上がる」というように因果関係が逆なのですね。

　日銀の極めて強力な緩和政策が行なわれている限り、金利が主導権を握るというこうした状況がしばらく続きそうです。

8 中央銀行の金融政策の現場 （インターバンク市場）

インターバンク市場は、個別金融機関の資金の過不足を調整するための役割を果たしている。と同時に、日銀が日々の金融調整を行う場でもある。そこで行われる主要な手段が「買いオペ」「売りオペ」である。

前項までのテーマは「金利決定」、つまり、「金利は何によって決まるのか」ということでした。「景気」「株価」「為替相場」あるいは商品価格などの「物価」の変動から、どのような影響を受けつつ金利は決まるのかを説明してきました。それに続き、ここでは、金融政策をつかさどる中央銀行がある一定の狙いを持って金利をコントロールしていることについて説明します。

（1）中央銀行の金融政策と金利

中央銀行は、政策金利をどのようにしてコントロールしているのか？　ここでは、その仕組み、プロセスを簡単に説明します。過去数年間を振り返っても、経済記事中には「利上げ」「利下げ」といった用語が頻繁に用いられています。ここでいう「利」とは「政策金利」を指します。

では、政策金利とは何か？　「わが国でいうと、公定歩合」と反応される方が少なくないと思います。

しかしそれは過去のこと。現在、欧米、日本といった先進国にお

ける政策金利とは、かつての公定歩合のような中央銀行が民間の金融機関におカネを貸し出す際に適用する金利ではありません。わが国でいえば **"無担保コール翌日物"** が政策金利です。

　さて、無担保コール翌日物金利とは何か？　さらには、それをどのように中央銀行たる日銀がコントロールしているのでしょうか？

（2）政策金利はどのようにして決まるのか？

　ここで政策金利がどのようにして決まるのかについて、その概要を説明しておきます。

■インターバンク市場

　おカネの貸し借りが行われる市場が金融市場なのですが、このうち「期間1年以下」「市場参加者は金融機関のみ」という市場を **"インターバンク市場"** といいます。ここでは、各金融機関の間で日常的におカネのやり取り（貸借）が行われています。

　その最も重要な機能は、各金融機関の資金過不足を調整することです。そして、金融機関の資金過不足は、おもに「預金」と「貸し出し」のバランスの変動によって生じます。

（3）資金過不足調整がインターバンク市場の基本機能

　大都市を営業基盤にするメガバンクは、総じて預金吸収能力よりも貸し出し能力が高い傾向にあります。つまり、日常的に預金以外の手段でおカネを調達する必要に迫られているのです。

　これに対して、全国のJAを基盤とする農協系統金融機関や信用金庫、信託銀行などは総じて預金吸収能力が高い（逆にいうと貸し出し能力が低い）ので、日常的に余裕資金が滞留しています。

インターバンク市場

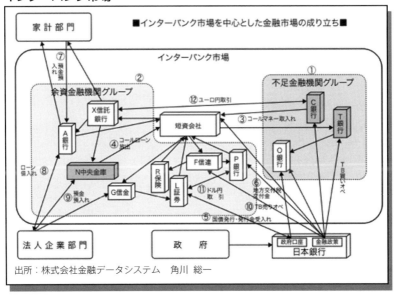

出所：株式会社金融データシステム　角川　総一

　そこで、後者のグループの金融機関（余資金融機関）が、短資会社というブローカーを通じるなどして、前者の金融機関（不足金融機関）に、ごく短期の資金を貸し出しているのです。そのうち最も一般に用いられているのが「1日限りで貸し借りする」という無担保コール翌日物（オーバーナイト物）です。そして、この貸借取引で付いた金利、これが“無担保コール翌日物”と呼ばれる政策金利なのです。

　ここで「えっ！　付いた金利？」といぶかしく思う人も多いのではないでしょうか。「だって、政策金利とは、日銀が決めるのでしょう？」「取引で付いた金利ではなく日銀が定めた金利でしょう？」とおっしゃる方が多いと思います。しかし、それはちょっと違うのですね。需給バランスによって決まった金利＝政策金利なのです。ここはちょっとわかりにくいかもしれませんね。

（4）政策金利とは「誘導目標水準金利」である

　実は、「政策金利を決める」という一般的な言い方は誤解を招きがちです。より正確にいうと「日銀があらかじめ定めた金利（あるいは金利のゾーン）に無担保コールレートを誘導する」というイメージの方が正しいのです。そして、2024年3月現在の政策金利はマイナス0.1％です。つまり、政策金利は、中央銀行にとっての「誘導目標水準金利」なのです。

■「買いオペレーション」「売りオペレーション」とは何か？

　では、日銀はこのインターバンク市場で各金融機関が行なっている短期資金の貸借で付く金利（コール金利）をどのようにコントロールできるのでしょうか？　ここで主に用いられる操作が「買いオペレーション」とか「売りオペレーション」と呼ばれるものなのです。

　インターバンク市場は図にあるようなイメージで機能しています。たとえば、余資金融機関の代表格であるＮ中央金庫が、たとえば、8,000億円の資金（コールローン）をＣ、Ｔ銀行に供給したとしましょう。1日限りという無担保コール取引だったとします。ここで付いた金利が、“無担保コール翌日物レート”と呼ばれるものです。

　このレート（利回り）をコントロールすべき立場にある日銀は、市場全体のおカネの量をコントロールすることを通じて、このレートを調整しているのです。市場全体のおカネの量をコントロールすればコールレートに影響を与えることができるからです。

　そのために用いられている主な手段が、「買いオペレーション（買いオペ）」「売りオペレーション（売りオペ）」と呼ばれるもので

す。国債などを日銀が多くの金融機関から買い取ったり（買いオペ）、売ったり（売りオペ）することで、市場全体のおカネの量を調整しているのです。

たとえば、買いオペで大量に資金を供給すると、お金を調達しなければならない金融機関が減るため、取引金利（コールレート）は下がります。逆に、売りオペを行なって市場からおカネを吸収すれば金利は上がります。

つまり、日銀は、このコールレート（という名の政策金利）を直接決めているのではなく、インターバンク市場全体のおカネの量をコントロールすることを通じて、間接的にこのコールレートに影響力を行使しているという方が正しいのです。

その証拠に、無担保コール翌日物のレートは毎日のように動いています。ただしそれは日銀が誘導しているレートの近辺で動いていることは言うまでもありません。

なお、日銀は2013年4月以降、かつて例をみないほどの極端な金融緩和政策を行なっていますが、その柱は大量の国債の買い入れ（オペ）です。これは前述のようなコールレートを低い水準に誘導することを通じて、次のような政策効果を狙っていたのです。

すなわち大量のマネーを金融市場に供給し、その資金が銀行などを通じて貸し出しなどの形で企業、家計に供給されれば、消費、設備投資が活発に行われます。こうなれば、わが国がデフレ経済から脱却するキッカケをつかむと期待されているのです。

積極的に消費、設備投資が行なわれると、それに応じて素材や商品などいろいろなものの価格が上がり、それがメーカーの収益を改善し、それが賃上げに向かい、さらにそれが消費などを増やすという好循環をもたらすことができるというわけです。

9 金利変動は為替、物価、株価に どんな影響を与えるか

> 　金利上昇はその国への資金流入を招き、為替相場は上昇。日本だと円高に。金利上昇で企業の借り入れ金コストがアップするために、借り入れ自体が減る。このため設備投資が減る。個人の住宅投資も減る。このため物価は下がる。一方、企業の資金コストアップを通じて業績悪化→株価下落となるのが原則だ。

　前項までは、金利はなぜ動くかについてひと通り説明してきました。

　ここでは、逆に金利が動けばそれ以外のマーケットにどんな影響を与えるかにつき、主要なポイントを示しておきます。

（1）金利が上がれば為替相場も上がる

　日本の金利水準が変わらず、米国金利が一段高になったとイメージしてみましょう。2021年〜2023年がまさにそんな時期でした。そうすると、米国の預金（日本から見ればドル外貨預金）やドル建て国債などの魅力が高まります。

　この時、日本国債で資金を運用していた日本の投資家は、これを売って得た資金で米国債を買うでしょう。また、日本の低い預金金利にしびれを切らした個人も、一段と高くなった米ドル建ての外貨預金や米国債へおカネを移します。

日本の金利上昇で円高・低下で円安へ

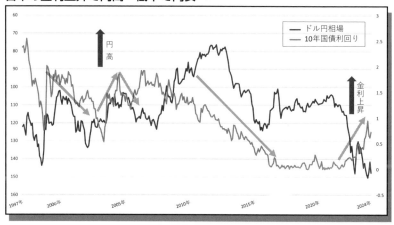

　いずれの場合も、日本円売り・米ドル買いの為替売買が増えます。このため、円安・ドル高となります。

　同じように、米国の投資家も日本国債を売り、利回りが高くなった米国債での運用に切り替えるでしょう。やはり円が売られ、米ドルが買われます。

　ニュース記事などでは、このあたりの事情については「日米の金利差拡大でドル高・円安が進み」といったように報じます。日米の金利は長年にわたり「米国金利＞日本金利」なので、米国金利が上がる＝日米金利差が拡大、となるからです。

（2）金利が上がれば物価（上昇率）は下がる

　銀行同士で短期のおカネを貸借している金利（コール金利＝政策金利）のメドを中央銀行が引き上げたとしましょう。これを受けて、銀行は企業、個人向け貸し出し金利を引き上げます。

　借り入れ金利が上がるため、企業、家計は借り入れを抑制しま

す。つまり使えるおカネが減るわけですから、消費も減ります。消費が減れば、物価は下がるのが基本です。

たとえば、年1.2％の住宅ローンであれば積極的に借りて住宅を買おうとしている人でも、３％台になれば住宅を買うのはあきらめるかもしれません。あるいは、借り入れ額を減らしてもう少し安価な住宅で我慢する人も出てくるはずです。

これにより、住宅建材の購入が減り、新築の家屋に備えるべき備品の購入が減りますが、これによって建材、備品の価格は下がるはずです。

つまり、物価は全体的に下がるというわけです。この時、地価の下落も伴うのが普通です。

(3) 金利が上がれば株価は下落しがち

金利上昇は原則として、株式市場に対してはマイナスです。これは３つの側面から説明できます。

まず１つ。企業の多くは、株式発行以外に銀行借り入れや社債の発行などによりその活動資金を得ています。とすれば、金利の上昇はただちに借り入れコストの上昇を意味します。

つまり、他の条件が変わらなければ、借り入れコストの上昇は金融収支を悪化させ、ひいては企業収益を減らします。業績が悪化するわけですから、当然株は売られて下がります。

ただし、企業により事情が異なることには注意が必要です。借入金が多い企業ほど、金利変動の影響を受けやすいのです。電力、商社、不動産などがその代表ですが、これらを金利敏感株と言います。

２つ目。金利上昇で住宅ローン金利も引き上げられると、個人に

よる住宅取得も減ります。住宅取得はシステムキッチンや家具など大型の耐久財の購入を伴うのが普通です。

　つまり住宅取得に伴う様々な消費も委縮するのです。これにより企業の生産が減り、業績が下がれば、それを見越して株が売られるのは自然の流れです。

　3つ目。金利が上がれば預貯金、債券への投資が相対的に有利になります。この時、株式市場から資金が引き上げられて、その資金が預金や債券に向かうでしょう。

　これは明らかに株式の売り要因であり、株価の下落を誘うことになります。

●コラム●　逆は必ずしも真ならず

　これまでの説明で気づかれた方もいると思うのですが、原因と結果が入れ替わるとその関係が逆になることが多いのです。これは経済メカニズムを理解するうえでとても大事です。どういうことか？

　これまでに説明した中では、たとえば、景気が良くなっている時には金利は上がるのが基本でした。つまり、景気拡大⇒消費、設備投資が増加⇒必要なお金を借りる⇒金利が上がる、というようにです。しかし逆に、金利が上がれば景気を冷やしていきます。金利高⇒借り入れ減少⇒お金を使わない⇒景気悪化、でしたね。

　こうした例はほかにもありました。株が上がれば金利も上がるのが基本でした。株高⇒お金が債券から株式に移動＝債券が売られる⇒債券価格下落・債券利回り上昇がその内容でした。しかし逆に、金利上昇が原因となった時には、金利上昇⇒企業の借り入れコスト増大⇒企業業績悪化⇒株安となるのが原則なのです。ここでも「株高⇒金利上昇」だけど「金利上昇⇒株安」という関係になります。

　もう１つ。金利と為替相場の関係もそう。円高になれば日本国内にお金が流入し、それで債券が買われ、債券価格上昇＝債券利回り低下となります。つまり「円高⇒金利低下」です。しかし逆に日本の金利が下がれば、日本からお金が流出しますが、その時にはたとえば円が売られてドルが買われるので円安になるのが基本です。この時には「金利安⇒円安」と、先ほどとはまったく逆になるのですね。

景気・株価・為替と金利

10 米国10年国債利回りが上がり始めると世界が身構える理由

　前項では、金利が動けばほかの経済ファクターにどのような影響を及ぼすか、の基本を話してきました。では近年、このような一連のメカニズムが経済社会全体にどのように作用してきたのかを振り返ってみましょう。

　米国金利を先導する10年国債利回りが、2021年2月以降急激に上昇し始めました。前年の3月以降はほぼ1％未満だったのが、2023年には5％台まで一気に駆け上ったのです（p.206の図参照）。直接の理由は、原油や小麦などの穀物の価格が急激に上昇してきたことでした。

　これらの原材料、エネルギー源、食糧の値段が上がれば、ほとんどあらゆる物価が上昇します。そして、債券利回りがそれにいち早く反応して上がったのです。つまり、178〜181ページで述べたメカニズムが働いたのです。

　すなわち、**物価がじわじわ上がってきた。**

　⇒企業、個人が早めに素材、原料、耐久消費財などを買うだろう

　⇒資金需要が強くなり借り入れが増え、金利は上がると予想される

　⇒債券利回りも上がり、価格は下落するだろう

　⇒であれば売っておこう

　⇒債券価格は下落、利回りは上昇

という一連の動きが活発になったからです。

　そして、この米国金利の上昇で株は急落、これが世界中に不安をもたらしたのです。

　では、米国債の利回り上昇は、なぜ世界不安をあおるのでしょう

か？　実は、これまでの歴史を振り返ってみても、ドル金利の上昇はドル高を促すとともに、やや遅れて世界景気が悪化し始めるきっかけになったことが多々あったのです。

　一番記憶に新しいところでは、2007年のサブプライムローン問題を背景にリーマンブラザーズが倒産して世界に金融危機をもたらした時です。これは、米国の金利上昇で不動産価格が下落し、米国の低所得者層向けのサブプライムローンの返済遅延・不能が広範囲に広がったことが直接の原因でした。

＊（再掲）リーマンショック：2008年９月に米国の大手投資銀行であるリーマンブラザーズが破綻、その余波を受け世界中の株価が暴落したのに加え、金融市場が半ばマヒ状態になるという深刻な金融危機を招きました。当時、米国の金融機関は信用度が低い低所得者向けに積極的にサブプライムローンと呼ばれる住宅ローンを貸し出し、その貸し出し債権を証券化した商品を広範囲の金融機関に販売していました。ところが、2004年以降、米国の中央銀行であるFRBが政策金利を引き上げたことをきっかけに不動産価格が急落し、全米各地でローンの返済が滞る事態に陥りました。これを受けてサブプライムローンの証券化商品の相場も暴落、世界中の金融危機に発展したのです。その後、この金融危機が景気を直撃、2008～2009年には全世界を巻き込む大不況をもたらすことになりました。

　あるいは、2021年以降の急激な米国債利回りの上昇、そしてそれに続く米国政策金利の上昇で一時的にせよ世界各国の株価が下落、そして世界的に経済が低迷し始めたのです。

　ではなぜ、米国の金利上昇が世界に不安をもたらすのでしょうか？

米国債利回り上昇でNYダウは下落・調整場面へ

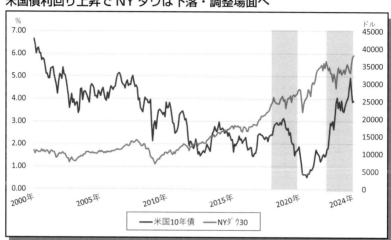

凡例: —— 米国10年債 —— NYダウ30

（1）米家計消費を直撃

　米金利の上昇は、まず何より米国内の家計・企業の資金繰りを悪化させます。米国経済は、GDPの7割を家計消費に依存しています。しかも、わが国とは比較にならないくらいローンへの依存度が高いのです。

　金利が上がればローン金利も上がるため、家計消費を直撃するという影響力の強さは、私たちの想像を超えるといっていいでしょう。特に住宅、自動車ローンの金利上昇を通じた消費抑制は米国では頻繁に起こります。

　米国での家計消費の衰退は、世界各国の景気後退に直結します。米国は、世界全体のGDP（経済規模）の20数％を占めるとともに、常に「輸出＜輸入」の状態（つまり貿易赤字）です。

　つまり、米国の家計消費をあてに、世界各国が米国に大量の輸出を行なっているのです。

米国10年利回り上昇で円安・ドル高が進行

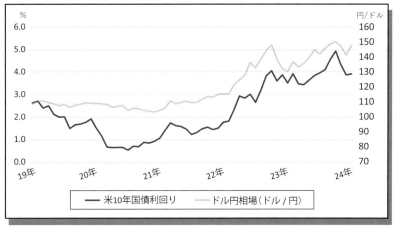

　日本から大量の自動車、あるいは中国から種々雑多な家具、調度品、衣類、雑貨が米国へ輸出されています。米家計消費の衰退はただちに、こうした米国向け輸出の減退につながるわけですから、世界全体の景気後退を招くというわけです。

（2）ドル高⇒新興国からの資金流出

　米国の金利高はドル高をもたらします。p.199でお話しした通りです。米国債利回りが急上昇した2020年から、2023年にかけてドル円相場は104円台から150円まで一気に円安・ドル高が進んだのです。

　ドル高は、ブラジルやメキシコ、東南アジア諸国といった新興国の通貨安を意味します。すると、これらの国々からおカネが米国に流出し、資金不足に陥りダメージを与えるのは当然です。

　さらには、これらの新興国はドル建てで多くの借金をしています。この状態でドル高・自国通貨安が進めば、この借金の返済が難しくなります。なぜでしょう。

■自国通貨安でドルでの借り入れコストが膨れ上がる

わかりやすいように円とドルの関係で考えてみましょう。1ドル＝
100円の時に、日本の企業が米国の銀行から1万ドル（＝100万円）
を借りたとします。その後、ドル高・円安が進んで1ドル＝200円
になったとしましょう。

すると、1万ドルを返すためには、200万円の日本円を用意しな
ければなりません。つまり、円で考えると100万円を借りたのに、
200万円返さなければならないわけです。借り入れ負担がずんと重
くなるのです。つまり、米ドル高はこれらの新興国の経済にとって
は大打撃となるのです。

もちろんそれに加え、①自国通貨安で輸入品の価格が上がり、国内
インフレが進む、②通貨安を防ぐために政策金利を上げれば、自国企
業の借り入れコストが上がり業績は悪化するという事情もあります。

（3）日欧など先進国にも金利上昇圧力

米金利の一段高は当然、日欧の先進国にも大きな影響を与えま
す。自国通貨安は輸入物価の上昇をもたらすのが原則ですから、こ
れによりインフレが進みます。

特に日独伊という各種の工業品の原材料、エネルギー源に乏しい
国々にとっては、自国通貨安による輸入物資の価格高騰によるダ
メージは大きいです。より多くのおカネ（輸入代金）を海外に支払
うということは、自国の資産が海外に流出することを意味します。
これが景気を悪化させることは言うまでもありません。

それを避けるには自国通貨防衛のための利上げが必要ですが、そ
れは企業の借り入れコストを引き上げます。「アッチを立てればコッ
チは立たず」なのです。この間の事情は新興国の場合と同じですね。

⑪ 金利は "決める" のか " 決まる" のか

　これまでに金利の役割、債券の基本、そして金利を巡る様々なメカニズムを一通り理解していただいたところで、より深く金利の本質を知ってもらうためのテーマを用意しておきました。題して「金利は決めるのか決まるのか」です。さて？

　「金利は誰かが決めているのか、それとも決まってしまうものなのか。どっちでしょう？」と聞けば多分多くの人は「決めるものじゃないんですか？」と応じると思うのです。

　たしかに預金金利は銀行が決めるし、住宅ローン金利だって企業への貸し出し金利だって同じように見えます。政策金利も日銀が決める、というイメージです。

　では債券、たとえば国債の利回りは誰が決めるのでしょう。これも財務省が決めているように見えます。たしかに新しく発行される国債の利回りは財務省が決定します。そしてそれが、銀行や証券会社の店頭に表示されます。こんな風にみてくると、やはり金利は誰かが決めるものだと見えても仕方がありません。

　しかし、ちょっと説明しにくいのですが、結論からいうと、金利には決まる金利と決める金利があるのです。たとえば株価や円相場は誰かが決めるものじゃなく、需給バランスで決まるものです。多くの売り手と買い手が綱引き競争をしているイメージです。金利にも、それと同じように決まる金利があります。

　その代表が市場で取引されたことによる債券の利回りなのです。

（1）"決まる"金利

　「金利」といえば「預金金利」や「住宅ローン金利」を最初に思い浮かべる人が多いですね。たしかにこれらの金利は、お金の貸し手が決めます。交渉事で決まるものではありません。しかし、「金利の世界」の中で圧倒的な存在感を持つ債券利回りは、実は「決まるもの」であって、「決めるもの」ではないと理解するのが適切なのです。

　たしかに、新しく国債が発行される時は、発行者である財務省が金利・利回りを決める権限を持っているように見えます。でも実は違うのです。

　たとえば、2023年12月に発行された10年国債の利回りは年0.8％です。しかしこれは、財務省が勝手に決めたわけではないのです。結論から言うと、その時点の市場で取引されている国債の利回りに合わせて"決まった"のです。市場で取引されている国債の利回りは間違いなく「だれかが決めた金利」ではなく「自然に決まった金利」であることは言うまでもありません。これは株式の取引と同じイメージです。

　直前の11月に発行した期間が同じ10年国債が市場で売買されて１％の利回りが付いていたら（これは決まる金利）、新しく発行する10年国債も、ほぼその利回りに右ならえ！するしかないのです。

　もし、これより低い0.8％とか0.5％の利回りに財務省が決めたら、こんな低い利回りでは買い手（引き受け手）は付かないのは当然です。かといって、コストを最小限にしたい国（財務省）はこの利回りを上回る２％とか３％の利回りに設定するわけはありません。

　このあたりは、株式と同じ仕組みです。取引所で売買された結果

付いた株価が1,200円だと、この時、増資（新しく株を発行して資金を増やす）するんだったら原則として 1 株1,200円に近い値段で発行することになります。1,500円だと誰も買いません。かといって500円で売り出すわけもありません。つまり、市場で自由に売り買いされた結果付いた利回りを基準にして、新しく発行する債券の利回りを決めざるを得ないのです。

　つまり財務省が決めているように見えても、実はその時点で自由に売り買いされている期間がほぼ同じ国債の利回りとほとんど同じ利回りに決まる、ということです。新しく発行する国債の利回りは、財務省の自由にはならないのです。具体的に言うと、すでにp.112〜113で説明したとおり、証券会社や銀行などが「〇.〇〇％なら引き受けてもいい」という価格・利回りを提示したうえで、入札方式で決まるのです。そしてその入札利回りは、その時点で市場で取引されている国債の利回り（決まる利回り）に限りなく近くなるというわけです。

　日本語で言えば国債の発行利回りは“決める”なのですが、実際には、その水準で“決めざるを得ない”と言ったほうがいいでしょう。ここはとても大事なところです。つまり、発行者である財務省による裁量の余地はほぼないのです。

　しかし金利の中には例外的に、日銀が自由に決めることのできる金利がある。それが“政策金利”です。

（2）政策金利＝コール翌日物レートは日銀が“決める”

　政策金利は「決める金利」です。日銀が金融政策を実行するために決めるコール翌日物レートがそれです。2024年 1 月現在だとマイナス0.1％。これも日銀が決めた金利なのですが、あくまで間接的

にこの水準に誘導しているにすぎないことは p.197～198で説明した通りです。

「コール＝呼びかける」ってことです。ある銀行が「１日だけ300億円貸して」ってコールすれば「は〜い。じゃあ私が300億円融通するわよ」と、よその銀行が応えてくれる、っていうイメージですね。

この金利は、メガバンクのほか地銀や信託銀行、信金等多くの金融機関が、短期のお金の貸し借りを行なう時に成立した金利です。翌日返済する決まりだから翌日物って呼びます。つまり、日銀が「コール翌日物はマイナス0.1％くらいの水準になるように、いろんな手段でコントロールするね」と呼びかけているといった感じです。

（3）預金金利と住宅ローン

では、私たちにとって最も身近な預金金利とか住宅ローン金利は「決める金利」か「決まる金利」か、どちらでしょうか？

"決まる" 金利と "決める" 金利

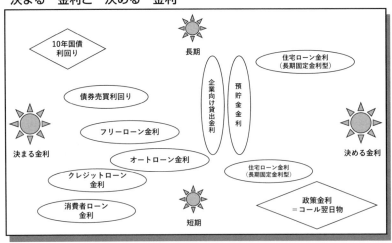

　結論から言うと、預金金利はさっき話した日銀の政策金利の動きを横目で見ながら、ほぼそれと同じように動きます。各銀行ともほぼ同じなのはそのためです。

　つまり、実際にはほぼコール金利に沿って決めているのです。完全に自由に決めているんだったら、銀行によってもっとバラバラになってもいいはずです。

　実は、変動金利型住宅ローン金利もそうです。これは預貯金と同じように、日銀がコントロールする政策金利に右ならえで決まります。

　それに対して期間10年とか20年といった長期固定金利型ローンは、10年国債の売り買いで付いた市場での利回りを参考にしつつ、それにほぼスライドして決めていくといった性格の金利です。少なくとも、市場で取引されている10年国債などの債券利回りを無視して、勝手に銀行が決めることのできるような金利ではないのです。

　以上のように、金利と一言で言っても、決める金利の代表であるコール金利と、決まる金利の10年国債の利回りの2つの金利が軸になって、様々な金利が存在しているというイメージで理解してください。

12 懸念され始めた ゼロ金利長期化に伴う副作用

　金利が下がれば企業業績ならびに景気にはプラス。これは、経済の原則です。だからこそ、景気後退期には金利は引き下げられるのです。金利が下がれば企業、家計のローン借り入れに伴うコストは下がります。

　金利が下がれば企業、家計が低コストのマネーを積極的に借り、それが設備投資、消費に使われます。つまり需要が増えます。その需要をあてにして企業は生産を増やします。企業利益は増えます。カネ回りが良くなって景気は良くなるというわけです。p.171〜ですでに説明したとおりです。

　しかし、過去20年にもわたってわが国のゼロ金利、マイナス金利政策が続くなかで金利が低すぎることはむしろ副作用が大きいとの議論が浮上してきています。つまり、「短期的にはゼロ金利は景気にプラス」だが「ゼロ金利が続くと経済に対してむしろマイナスに働く」というのです。

　周知のとおり、現在の日本では日銀が政策金利（コール翌日物）の金利をマイナス0.1%程度に誘導するなど、これまでの常識からすれば異常とも見える超低金政策を続けています。

　さて、実質的なゼロ金利の副作用とは何か。金利がゼロであれば景気に対してどんな不都合があるのでしょうか。ここではそのマイナス効果をご紹介します。

（1）預貯金金利がほぼゼロになると……

　最も重要な点は「短期的にはゼロ金利は景気にプラスだが、中長期的には問題が多い」ということです。

　理由の1つは、ゼロ金利で預金金利がほとんどゼロであることへの懸念です。日米などの先進国での政策金利とは、民間銀行が互いに短期の資金のやり取りをするに際して付いた金利のこと（日本の場合は無担保コール翌日物レート）。

　これをゼロにするということは、預金金利等ほとんどの短期金利もほぼゼロになることを意味しています。

　わが国の家計金融資産は約2,000兆円。そしてその半分強に当たる1,000兆円程度は預貯金です。この預貯金の利率がほんの1％高かったとしたら、それだけで年間の受け取り利子は年に8兆円多かったはずなのです。

　年間8兆円と言えば、これは消費税の約3％分に相当するくらい影響力を持つ金額です。また、この8兆円の半分（4兆円）が家計の消費に充てられただけでも、日本のGDP500兆円からみれば0.8％程度の景気押し上げ効果があったはずなのです。つまり（この点だけを取り出してみれば）それだけ経済成長率が高まったかもしれないのです。

　とともに、金利が低い時期には総じて株価は堅調に推移しているものです。低金利⇒企業の利子負担軽減⇒業績アップとなりがちだからです。そして株式の保有者には資産の多い富裕者が多い傾向があります。

　一方、低所得で資産を持たない人は株式のリスクが取れないために、金融資産といえばもっぱら預貯金です。つまり、低金利⇒株高

日本だけが一貫して超低金利を継続

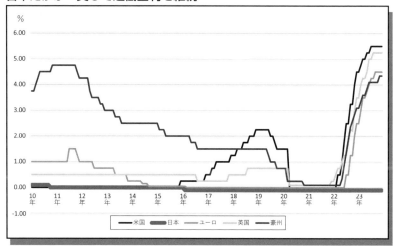

の時期には経済的な格差が拡大する懸念があるのです。

　実際、2013年からは過去に例を見ない金融緩和政策がとられたために、一段と金利は低下し、預金の種類を問わずゼロ金利になる一方、1万円前後だった日経平均株価は4万（2024年3月4日現在）まで順調に上昇したことが、格差拡大をもたらしたことは間違いありません。

（2）年金保険の運用収益が大幅に減る

　2つ目は、ゼロ金利という異常な金利情勢の下で、本来ならば淘汰されるべき企業が生き永らえていることも問題です。何しろ金利がほとんどゼロでお金が借りられるということは、収益率がほとんどゼロあるいは業績が悪い非効率な企業も存続できることを意味します。金利がほぼゼロなので、利息を支払う必要がほとんどない。つまり借りっぱなしにしておけるのです。

　これは「非効率な企業は退出するほうが産業全体の効率を上げ

る」という点からみれば、経済全体の沈滞につながりかねません。こうした状態が長く続けば、多少でも金利が上昇し始めると途端に破綻に向かう企業が続出することにもなりかねません。

(3) 銀行の本来業務に支障

　3点目は、銀行が本来果たすべき金融機能がマヒしかねないことです。過去に例を見ないほどの超低金利の下で、銀行は適切な利ザヤを得ることが難しくなってきています。預貯金もほぼゼロ金利なのですが、一方では貸し出し金利もすでに1％を大きく割り込んできています。

　一般に銀行は、預金金利より貸し出し金利のほうが0.8％程度は高くなければ、預金・貸し出し業務に伴うコストは吸収できないとされているのですが、現状ではすでにぎりぎりのラインです。

　つまり「貸し出し業務ではもうからないので貸し出し業務を縮小する」という動きが加速、企業への円滑な資金供給機能が低下する恐れがあるのです。

　経済メカニズムは複雑です。金利低下あるいはその結果としてのゼロ金利政策は、短期的・一時的には確かに景気に対してプラスとして働く面はあります。しかしそれが長期化すると、以上のようにむしろマイナス面が強く表れてくることも無視できなくなりつつあるのです。

　これは、ある1つの経済事象（政策）が他のファクターに対して与える影響は、短期と長期では逆である場合が少なくないことを教えてくれます。

　ひどい痛みに処方される劇薬は短期的には効果を発揮しますが、これを長く続けていると確実に副作用で身体が参ってしまうように。

　金利には多くの類義語があります。利回り、利子などが代表的なものですが、利子率といったちょっと専門的な言葉が用いられることもあります。でもやはり「金利」が最も一般的な用語でしょうね。では「金利」とは元来、どんな語源から発したものなのでしょうか？　「金利」＝「金」＋「利」です。

　さて「金」とは何か。白川静博士によると、「金」の語源は鋳込んだ金属の形だといいます。そういえば「金」の字を縦長にすると先端がやじりのように見えます。さらに「金」とは古くは銅のことを指し示すというのが博士の見解です。金が現在のように黄金（元素記号では Au）、金銀の意味で用いられるのはずっと後世になってからだと言います。

　では「利」の語源は？　これは会意文字ですが、これも白川博士の説では「禾」（か）と「刀」（リ＝りっとう）を組み合わせた字だといいます。禾とは元来イネ科植物のアワを意味するもの。しかし古代中国においては、穀物一般の総称として用いられたのです。そして、それを刀で刈り取る形を示すのが「利」です。すなわち、穀物を刈り取って儲けとすることから「もうけ」「りえき」という意味を担ったというのが博士の見解です。（以上は、「常用字解」白川静、平凡社刊などによる）。

　世界的なレベルでいうと、金利のルーツはどうも古代メソポタミアに遡ることができるようです。すなわちこの肥沃な大地で穀物を植えるに際して、種籾を多く持っている人が持たない人に貸し与え、収穫期になってそれを返してもらう段になって、現在でいう利子相当分を加算した種籾を受け取ったのです。まさに金銭の貸借に伴う利子発生と同じ仕組みです。

　ついでに言うと、現在のヤードポンド法で質量を言い表す基準になっているポンドは大麦１粒＝グレーンという単位が元来の意味です。大麦5,400粒（グレーン）を１ポンドとしていたようですが、現在では１グレーンは0.06479891グラム（64.79891ミリグラム）、法定ポンドに対しては7,000分の１と定められています。

もう一歩進んだ
債券の投資尺度を考える
（中級）

（1）満期が異なるものが多数存在する債券市場

　第５章までで債券の基本はほぼ言い尽くしてあります。それをベースにしてこの章では、実際に役立ついくつかの勘どころを説明します。実は、第５章までの説明はこの第６章で説明するいくつかの重要なテーマを理解していただくための前段だったといってもいいくらいなのです。さて、では実際に債券を投資対象として、あるいは債券を組み入れた多くの投資信託の商品性を間違いなく理解するには、どんなことを踏まえておけばいいのでしょうか。

　債券に投資する立場からみた場合、とても重要なテーマの１つが「満期までの期間の違いによる個々の債券の利回りの関係が、どのように変化するか」ということです。「期間の違いによる利回りの関係」とはたとえば次のようなことです。

- A時点：１年債は１％、２年債は３％、３年債は４％
- B時点：１年債は３％、２年債は２％、３年債は２％

　A時点では１年債より２年、３年債のほうが利回りが高くなっています。しかしB時点では逆に、１年債が一番高く、２年、３年債はそれよりも低い利回りになっています。つまり「債券利回りの期間別構造」が違うのです。さて、その違いは何によるものなのか、というのがここでのテーマです。

　債券の世界では、通常、同じ発行者が発行した銘柄が数多くあります。国債などは、その典型的な例です。すなわち、ほぼ毎月のように期間2年、5年、10年、20年といった期間の国債が発行されています。

　そして、すでに発行された国債の銘柄は、発行されてから期間が経過するにしたがい、満期までの期間がどんどん短くなっていきます。ということは、満期までの期間が1カ月未満というごく短期の国債から期間が10年あるいはそれ以上の国債に至るまで、満期が異なる銘柄が多数存在するのです。

(2) イールドカーブ

　さて、では、これらの銘柄の利回りはどのような関係にあるのでしょうか。それを、単純な1つの線で示したものが、"イールドカーブ（利回り曲線）"と呼ばれるものです。そしてそれが時期によって変動するのです。その時々の金融情勢によって変わるのです。

時期によって異なるイールドカーブの水準・形状（イメージ）

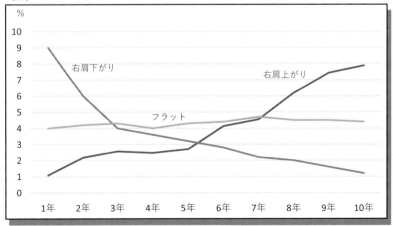

こういうと、「期間1年のものから10年物までそれらの利回りの関係は、ほぼ決まっているのではないのか」と思うかもしれません。しかし、それは違います。先ほど示したようにA時点とB時点ではその位置関係はまったく違いましたね。つまり、時期によって、期間1年、2年、3年……10年国債の利回りの位置関係は異なるのです。

　グラフにあるように、右肩上がりのこともあれば、ほぼ横一線のこともあります。あるいは、時には右肩下がりのこともあるのです。

　これは、これから金利がどのように動くかというその時々の予測によって決まるのです。これが、"期待利子率説"と呼ばれるものです。

　つまり、これから金利がどのように動くかという期待（予想）によってその位置関係は変わってくるというわけです。一体どういうことか？

(3) 期待利子率説

　ここでは、まず、「1年債と2年債の利回りの位置関係は、何によって決まるのか」を考えましょう。

　1年債の利回りが現在1％とします。そして、いまから1年後には、1年債の利回りが2％になっているだろうと多くの人が予想していたとします。この場合、現時点における2年債の利回りは、いくらであるのが合理的でしょうか？

　基本的な考え方は「リスク、信頼度が同じ程度の資産の運用では、期間が同じなら同じだけの収益が得られるのが合理的だ」ということです。

　金融市場では、リスク度が同じであり、期間が同じであるにもかかわらず２つ以上の資産の運用手段で収益が大きく異なることはありえません。ということは、次の２つのうちどちらを選んでも、その収益は等しくなるのが合理的だというわけです。

　ケース１）利回り１％の１年物債券を買って、１年後に満期を
　　　　　　迎え、そこで、さらに１年物の利回り２％の債券を
　　　　　　買って、１年後に満期を迎える
　ケース２）２年物の利回りＸ％の債券を買って、２年後に満期
　　　　　　を迎える

　この時、X＝1.5であるのがリーズナブルですね。なぜなら、この時には、どちらを選んでも得られる収益が同じになるからです（ここでは、話を簡単にするために単利で考える。つまり、利息の再投資を考慮しない）。
　つまり、いずれも２年間で３％分の利息（１年あたり1.5％分）が得られるのです。

■予想が現実を変える

　では、１年後における１年債の利回りが0.5％に下がると多くの人が考えている時には、２年債の利回りは、いくらであるのが合理的でしょうか？　0.75％です。
　この時には、１年債に２回にわたって投資した場合も、２年債に投資した場合も、どちらを選んだ場合でも２年後の利息は1.5％分となります。
　さて以上の例は何を示しているのでしょうか？　そう、１年後の予想金利いかんで、１年債と２年債の利回りの関係は決まる、ということです。言い方を変えると、

1年後の予想金利が現時点での2年金利を動かす

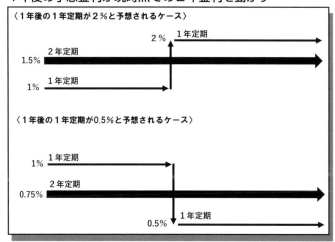

- これから金利が上がっていくと考えられている時期には、より長期の債券の利回りは高い。つまり、イールドカーブは右肩上がりになる

逆に、

- 金利が下がるだろうと考えられている時には、より長期の債券の利回りは相対的に低い。つまり、イールドカーブは右肩下がりになる

のです。

　ということは、イールドカーブの形状を見ることで、市場の参加者がこれからの金利の動きをどのように予想しているかがわかるのです。

　だからこそ、プロ投資家にとっては、イールドカーブはとても重要なデータとみなされているのです。投資に際して、とても重要な

ヒントを与えてくれるのですね。

　端的にいうと、

> • 右肩上がりの角度が大きい（この状態を“スティープ”と呼ぶ）ほど、「これからは、相当金利が上がるだろうな」

　逆に、

> • 中長期金利も短期金利とそれほど違わない（“フラット”）という状態だと、「これから金利は、それほど大きくは動かないだろう」

　さらに、

> • 右肩下がりだと、「今後、金利は下がる可能性が高い」

と、多くの市場参加者が予測していると読むことができるのです。

　これからの金利の動きを予想するための方法はいくつかありますが、なかでもこれは最も基本となる考え方です。

② 長期金利は 短期金利に先んじて動く

　前項で述べた期待利子率説からは、とても重要なテーマを引き出すことができます。それは、「長期金利のほうが一般に短期金利より先に動く」ということです。

　世の中には、いろいろな期間の金利がありますが、その期間別構造を考えた場合には、短期金利より長期金利のほうが先行的に動くことが多いのです。いい換えれば、「短期の金利が変わらなくても、その短期金利の将来予想値が上がれば、その瞬間に、より長期の金利は上がる」と表現することもできます。

　前項の例でいうと、現在の１年金利が変わらなくても、これから１年後における１年金利の予想値が下がっただけで、瞬間的に２年の金利は下がるのです。ここで大事なことは、その時点で１年金利が変化しないにもかかわらず、２年の金利だけが下がるという点です。

$$2\,\text{年金利} \fallingdotseq \frac{\text{現在の１年金利} + \text{１年先に予想される１年金利}}{2}$$

　同じ理屈により、１年〜数年後のわが国の金利が上昇すると予想された瞬間に、期間10年の長期国債の利回りは上昇します。すなわち、短期金利よりも、より長期の金利のほうが、将来の金利の動きを織り込みながら先行的に動くのです。

　もっとも、日銀が確固たる意志の下で金融政策を変更し、緊急利下げ、利上げが行われるような場合には、短期金利（政策金利を含む）が先に動くこともまれにあります。ただしその場合でも、市場

参加者の間では「そろそろ日銀は政策金利を引き上げるだろうな」と予想するのが普通です。ということはやっぱり、その予想に基づき、実際に政策金利が変更される前に、長期の金利が動くのが普通なのです。

（1）10年国債利回りから目が離せない

　本書ではあちこちで、債券の利回りの中核にあるのは期間10年の国債である、とくどいほど説明してありますが、これは以上の理屈に基づき「10年債の利回りは、それより短い1年、2年、3年〜9年までの債券の利回りがこれからどう動くかという予想値をすべて反映している」からなのです。「反映している」とは「すでに織り込んでいる」といってもいいでしょう。

　ここはとても重要なところなので、もう一度。「短期の金利が実際に動かなくても、これから○○％へ動く（上がる、下がる）だろうな、というように予想が変わるだけで、長期の金利は直ちに変化する」ということです。だからこそ、「10年国債の動きには特に注意が必要」なのです。

（2）逆イールドは景気悪化の前兆

　ここでもう1つイールドカーブについて、重要なテーマを取り上げておきます。それは、イールドカーブの形状を見ることで、近い将来の景気の動きを読むことができるということです。

　この章の1項「期待利子説とイールドカーブ」では、イールドカーブを見ればこれからの金利が上がりそうなのか、それとも下がりそうなのかがわかる、と説明しました。つまり、

①右肩上がりのイールドカーブは、これから金利が上がること
　を示している
②右肩下がりのイールドカーブは、これから金利は下がること
　を示している

でしたね。
　さて、ここで景気と金利の関係を思い出してください。第5章2
〜3項（p.171〜）では次のように説明しました。

③景気が良くなる時には金利は上がる
④景気が悪化する時には金利は下がる

　さて、ではこの①と③を組み合わせればどうなるでしょうか。

・右肩上がりの時には金利が上がる＝これから景気が良くなる
　＝ことを示している

となります。
　②と④だと

・右肩下がりの時には金利が下がる＝これから景気が悪くなる
　＝ことを示している

というわけです。

　これまでの経験から言っても、実際その通りになることがとても

多かったのです。

米長短金利逆転：識者はこうみる

　米金融・債券市場では14日、長短金利が一時、2007年6月以来約12年ぶりに逆転した。投資家が米景気後退を懸念していることを示す兆候とみられる。（後略）（「米長短金利逆転：識者はこうみる」（ロイター　2019年8月15日　1：57）

　ちなみに、右肩上がりのイールドカーブを順イールド、右肩下がりを逆イールドと呼ぶのですが、なかでも逆イールドの時には、政策担当者は景気の悪化に対して警戒を強めることには留意が必要です。

　逆イールドとは、短期金利より長期金利のほうが低い状態を指すことは言うまでもありません。ほら、これまでのデータで見ても、ハイライトで示した時期にはいずれも、米国の短期金利の代表であ

FFレートと10年債利回り逆転で株安・景気後退へ

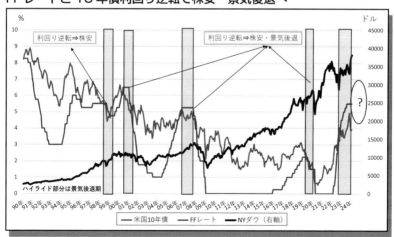

るFFレート（フェデラルファンドレート）と長期金利の代表である10年国債の利回りが逆転して（逆イールド）いますが、いずれの時期にも、ほどなくして株価が下落、景気が悪化していたことがわかります。

さて、2022年からは再びこの逆転現象が起きています。さて今回はこれが景気の後退につながるのでしょうか？　実際この時期には「金利逆転で景気悪化懸念」といった記事が多くみられました。

NY債券市場で一時「長短金利の逆転」発生…19年夏以来、景気後退の前兆か

29日のニューヨーク債券市場で一時、10年物国債の利回り（金利）が2年物国債の利回りを下回る「長短金利の逆転」（逆イールド）が起きた。景気後退の前兆とされる逆イールドの発生は、2019年夏以来となる。（読売新聞　2022年3月30日　9：58）

3 債券の価格変動性とは

（1）価格変動性を規定する第1の要因は残存年限

　「債券はとっつきにくい」と思われている原因の1つが価格変動性です。これは、たとえば利回りが0.1％変化すれば、価格はどれだけ動くか、というテーマです。序章でも話しましたが、債券相場の動きはもっぱら利回りで表現されます。「10年国債は0.2％上昇して1.1％に」というようにです。しかし、これだけでは初心者は「この債券を持っている人はいったいどれだけ損したの？」とすぐにはわかりません。

　「額面100円につき1円60銭下がった」と価格で言われれば「そうか、1.6％分値下がりしたのか」ってわかります。そこへ行くと株式は簡単です。「85円下がって1,800円に」とあれば「ああ、5％くらい下がったんだな」とわかります。1円20銭の円安で1ドル＝143円になったのなら「0.8％くらい円が下がった」と直感できます。債券相場は利回りで表示されるので、それが直感的に把握できないのです。しかしここでは「これでもか！」というくらい分かりやすく説明しますから、どうぞご安心ください。

　債券投資では、そのリスクを測るために価格変動性を考慮する必要があります。同じように利回りが変化しても、それによりどの程度価値が動くかは銘柄によりまったく異なるのです。これが"価格変動性"です。

たとえば、利回りが0.1％変化した場合でも銘柄Aは50銭価格が動くのに、銘柄Bは10銭しか変化しないといったことです。一定の利回りの変動に対する価格の感応度がまったく違うのです。この場合Aの方が変動性が高いので、高い収益も期待できるけれど、値下がりした時にはその損失も大きいってわけです。ではどんな要因によって価格変動性は決まるのでしょうか？

　それを決める要因は第1に残存年限であり、これに次いでクーポンや最終利回りのなどにも影響されます。ここでは、おもに残存期間による価格変動性を重点的に説明します。

（2）残存期間と価格変動性

　以下はぜひ表を参照しつつお読みください。

定理1

　一定の利回り変化に対する債券価格の変動幅は、クーポンなどの条件が同じであれば、より残存期間の長い債券のほうが大きい。

１％クーポン債券の利回りと価格対応表

利回り	1年	5年	10年
0.70%	100.30	101.45	102.80
0.80%	100.20	100.96	101.85
0.90%	100.10	100.48	100.92
1.00%	100.00	100.00	100.00
1.10%	99.90	99.53	99.10
1.20%	99.80	99.06	98.21
1.30%	99.70	98.59	97.35

　1％クーポン10年債の最終利回りが、1％から1.1％へと変化する場合、価格は100円から99.10円へ、90銭下がっていることがわかります。これに対して、同じ1％クーポン1年債の最終利回りが、1％→1.1％へ変化しても、価格は100円→99.90円へと、わずか10銭しか低下していません。

　クーポンが同じなら、期間が長い債券のほうが一定の利回り変化（たとえば0.1％）に対する価格変動率が大きいのです。

　つまりハイリスク・ハイリターンなのです。

(3) 残存期間と利回り変動性

定理2
　一定の価格変化に対応する利回りの変化率は、クーポンなどが同じなら、より残存期間の短い債券のほうが大きい。

　これは、定理1を逆に表現したものです。

　ところで、この定理1、2はどのように理解すればよいのでしょうか。直感的にイメージするには、最終利回り算式で考えるといいでしょう。

　数式を見るのは死ぬほど嫌だという人は、ここから1ページ余りパスしてもらっても大丈夫です。それ以降迷子になることはありませんので、どうぞご安心ください（笑）。

設例
　1％クーポン10年債の価格が、100円から99円へ下落した場合と、1％クーポン1年債が、やはり100円から99円へ下落した場合を、最終利回り算式を用いて検討してみます。

最終利回りの変化

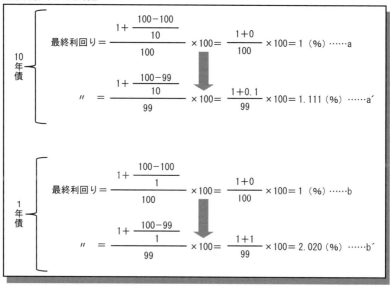

10年債の場合、aとa′の計算式のプロセスをみれば、分子は1から1.11へと、わずか11％しか変化していません。一方、1年債の場合bとb′の計算式では、分子は1から2へと2倍になっています。

ところで、a→a′、b→b′ともに分母の変化率が同じ（100分の1）なのですから、分子の変化率の大きいほうが、算出される最終利回りの変化幅が大きいのは当然のことです。

つまり、価格が同じように1円変化しても長期債より短期債のほうが利回りは大きく変化するのです。言い換えると「一定の利回り変化に対する価格の変化は、短期債より長期債のほうが大きい」となります。

このように、同じ1円の価格変化が分子の変化率を変えた原因は、最終利回り算式にある、償還差損益を残存期間で割るというプロセス（考え方）を見ればわかります。

　a、a′では、償還差益を10（年）で割っていますが、b、b′では1（年）で割っているのです。

（4）投資への応用

　残存期間による価格変動性の違いがわかったとして、これはどんな役に立つのでしょう？　実は、債券投資あるいは債券を組み入れた投資信託を選ぶ際に、このことはとても重要なヒントを与えてくれるのです。これからの金利予想いかんによって、短期債、長期債のどちらを選ぶと良いか、がまるきり変わってくるのです。

　たとえば、先行き金利が上がるとみる場合には、長期債より短期債のほうが値下がりリスクが低いのです。逆に金利が低下すると見込まれる時には、短期債より長期債のほうが、値上がり期待は高くなります。つまり投資効率が高いのです。

　これは、投資信託で個別ファンドのリスクを分析する場合にも有効です。たとえばいくつかの債券型ファンドを検討すると、運用資産として組み入れている債券の平均残存年限が相当異なっていることがわかります。この場合、原則的には「平均年限が長いファンドは相対的に高収益、高リスク」であると判断できるのです。

　大量の債券を持っている銀行や年金ファンドなどの機関投資家は、金融情勢に応じて様々な債券の売り買い操作を行ないますが、そこで最も大切なことは、金利予想に応じて保有債券の期間をコントロールするということなのです。

　債券投資では、金利上昇を予想する時には、長期債を売って短期債を買うことでリスクを軽減させることができます。逆に下降が予想される時には、短期債を売って長期債を買うことが有利なのです。

(5) 利回りの水準も価格変動性に影響

　なお、この他に債券の価格変動性を左右する要因として、最終利回りの水準があります。同じ残存年限、同じクーポンであれば、最終利回りが低い債券のほうが、同じ利回り変動幅に対する価格変動性が大きいのです。

　このため、現在のように金利水準が低い時期には、より価格変動性が相対的に大きくなることには留意してください。

デュレーションがわからなければ
外債ファンドのリスクは測れない

　実は前項で説明した「利回り変動が価格の変動に与える影響度」
は「デュレーション」として知られる投資概念です。とくに債券の
価格変動に伴うリスクを測るうえでは何よりも大事な考え方なのです。
　この項では、この債券の価格変動性（最終利回りがたとえば0.1％
変動すればそれに応じて価格がどの程度変動するか）の原理につい
て、以上とはちょっと異なった方法で説明しておこうと思います。

　外債ファンドに投資するに際して、最も多くの人がつまずくのが
デュレーションだと思います。投資信託の運用報告書や運用レポー
トの内容を理解するに際してきわめて重要であるにも関わらず、多
くの人が理解できていないのがこのデュレーションという概念です。
　数多くある外債ファンドの平均デュレーションは異なるのです。
結論から言うと、このデュレーションの数値が高いほうが価格変動
リスクが高いのです。つまり、一定の利回り変化に対応する価格変
動が大きいのです。
　別掲式をご覧ください。ここにある通り、債券の最終利回りとは
「１年間に受け取る利子」と満期まで持った場合の「１年あたりの
償還差損益」とを足したものです。
　これを踏まえたうえで、ここに「クーポンは２％で最終利回りも
２％である債券（１年債と10年債)」を想定します。クーポンと利回
りが同じだということは、価格が100円であることを意味します。つ
まり、２％分の収益（利回り）はすべて２％分の途中受け取り利子
（クーポン）によるものです。

デュレーションの基本を理解する

債券の最終利回り＝１年あたりのクーポン（比率）＋１年あたりの償還差損益（比率）

		Ⓐ 2%	=	2%	±	0%
利回り上昇				変わらず		プラス１％
		Ⓑ 3%	=	2%	+	1%

	クーポン	Ⓐでの価格	Ⓑでの価格	１年あたりの償還差損益（比率）
１年債	2%	100円	99円01銭	$\dfrac{100 - 99.01}{99.01} \fallingdotseq 1\%$
10年債			90円91銭	$\dfrac{(100 - 90.91) \div 10}{90.91} \fallingdotseq 1\%$

　ここで最終利回りが３％になったとしましょう。この時、毎年に受け取れる利子は２％分で変わらないのですから、「１年間あたりの償還差損益で１％分」を余分に稼ぐ必要があります。１年あたりの償還差損益が「ゼロ」から「プラス１％」に変化しなければなりません。

　ここで、まず期間１年の債券の場合を想定します。１年後に100円で払い戻してもらうことで１％分の値上がり益を稼ぐには、価格は100円から１％程度下がって99円01銭であればいいでしょう。

$$99円01銭 \times 1.01 = 100円$$

　では次に、これが10年債だったらどうでしょうか。この場合には、１年あたり１％の償還差益（＝値上がり益）を稼がなければならないのですから、10年間では単純に言えば10％分の差益を稼ぐ必要があるのです。つまり、価格はおおむね90円91銭である必要がある、ということになります。

$$90円91銭 \times 1.1 = 100円$$

　すなわち、利回りが１％上がる時には１年債だと１円程度しか価

格が下がらないのですが、10年債だと10円近く下がるということです。つまり「一定の利回り変化に対して、満期までの期間が長いほうが価格の変動幅が大きい」のです。

■クーポンの高低もデュレーションに影響する

このほか、クーポンも債券の価格変動性に影響を与えます。実は、デュレーションとは「価格変動性」とともに「元本の回収期間」という側面をも持つのです。

他の条件がまったく同じなら、クーポンが高い債券のほうが元本は早く回収できますね。ということは、クーポンが高いほうがデュレーションは短いのです。

このように、満期までの期間の長さだけではなく、これにクーポンの水準なども考慮したうえで算出されたのがデュレーションという概念なのです。

で、デュレーションの具体的な読み方なのですが、たとえばある外債ファンドについて「デュレーションが4.0」とあった場合には「利回りが1％変動すればそのファンドが組み入れている債券の平均価格が4.0％変化する」と考えればいいのです。

「グローバル・エマージング・ボンド・オープン」の月次報告書に見るデュレーション情報

■ポートフォリオ特性

	ファンド
最終利回り	5.7%
直接利回り	4.4%
デュレーション	4.0

・利回り、デュレーションは組入銘柄の純資産総額に対する比率で加重平均しています。
・最終利回りとは、個別債券等について満期まで保有した場合の複利利回りを示しています。
・直接利回りとは、個別債券等についての債券価格に対する受取利息の割合を示しています。
・デュレーションとは、金利変化に対する債券価格の感応度を示しています。デュレーションの値が大きいほど、金利変動に対する債券価格の変動が大きくなる傾向があります。
・利回りはファンドの将来の運用成果を保証するものではありません。

出所：三菱 UFJ アセットマネジメント「グローバル・エマージング・ボンド・オープン」月次報告書（2023年12月）

つまり、デュレーションが長い外債ファンドのほうが、（為替相場の変動など無視して）組み入れ債券のことだけを考えれば、利回りの変動に対する価格の変動幅が大きいため、それだけリスクが高いと判断できるのです。

　もちろん、逆に利回りが下がれば価格が大きく上昇するので、リターン（収益）も大きくなることは言うまでもありません。

⑤　現先取引って何？

　債券の売り買い手法の1つにちょっと変則的な、しかしプロの投資家の間でよく使われているものがあります。

　本来、中～長期にわたる資産運用のための商品として発行された債券を使い、短期間の資金の貸し借りを行なうという種類の取引がそれです。はてさて、どんな風に？　実は、次のような仕組みで成り立っているのです。

　たとえば、aさんがある債券をbさんから100円で購入すると同時に、100日後にbさんに101円で売るという契約を同時に行なったとしましょう。とするとaさんは、この間にどれだけの収益が得られるでしょうか？

　まず買値と売値の差額である1円が手に入ります。これは値上がり益ですね。ではこれだけでしょうか？　いいえ、そうではありません。債券はそれを持っている期間に応じて、日割り計算で利子を受け取れるからです。

　わかりやすいように、クーポン（表面利率）が3.65％の債券だったとしましょう。この場合、「1日持っていれば3.65％分の365分の1の利子＝0.01％分＝を受け取る権利がある」わけです。

　ということは、aさんは100日間持っているのですから、ちょうど1％分の利子を手にできるのです。100円で買ったわけですから、1円の値上がり益と額面100円に対して1％にあたる1円の合計2円の収益が得られるわけです。

　逆に、これを100日間という期間限定で売ったbさんから見ると、この100日間100円の資金を調達したことになります。これが現

先取引と呼ばれるものです。つまり「現物」の売り買いと「先物」の売り買いを同時に行うという契約なのです。

■"売買"でありながら実態は"貸借"

満期までの期間がたとえば5年とか10年といった債券を売買の対象としながらも、取引当事者双方にとってはあくまで短期資金の貸借取引なのです。

形のうえでは債券の売り、買いでありながら、実質的には短期資金の貸し借りを行っていたというわけです。

■規制金利をかいくぐる商品として登場

この現先取引が行なわれ始めたのは、1970年代後半のことでした。それまで高度経済成長を遂げてきたわが国の企業の多くは余裕資金を抱えるに至ったのですが、その資金を短期間有効かつ安全に運用する手段があまりなかったのです。

預貯金はその当時の大蔵省（現・財務省）・日銀の規制の下で人為的に低い水準に据え置かれていた（人為的低金利政策）ため、より有利な運用手段を欲していた企業の需要に応え、証券会社が発案した変則的な取引がこれだったのです。

主な売り手（資金の調達者）は証券会社でした。証券会社は、債券の売り買いを頻繁にかつ円滑に行なうためには、相当量の債券を在庫として保有していなければなりません（商品在庫）。そこで、その商品を抱えておくための諸コストを賄うために、日常的に短期間の資金を調達しなければならなかったのです。

改めて考えてみれば、どんなものでも時間をずらせて売り買いすることによって、実質的には短期間のお金の貸し借りと同じ機能を果たせるという発想は面白いですね。

⑥ 「金利は長期のほうが高い」という常識を疑う

　金利について私たちは誰に教わることもなく、短期のほうが長期より低いのが当然であると思いこんでいます。つまり、３カ月定期より６カ月定期、１年定期のほうが金利が高いのは当然、と疑ってかかることはありません。少なくとも平時においてはそれが常識だと考えているはずです。

　債券の世界においても同様です。国が発行する国債でも期間２年、５年、10年と期間が長くなるにしたがって金利、利回りは高いのが当然だと思い込んでいる人がほとんどではないでしょうか。

　たぶん「預金するとはお金の使用権を相手に譲り渡すこと」「長期間その使用権を渡すのだから、それだけ高い金利を払ってもらって当然」と考えているのでしょう。

　逆に金融機関の側からは「より長期のお金のほうが使い勝手はいい」「だから高い金利を付与して当然」ということなのでしょう。

（1）「米ドル１カ月定期が12％」のカラクリ

　ところがこうした常識を裏切るような現象にお目にかかることがありました。一部の銀行が扱っている外貨預金で「米ドルについて期間１カ月定期は年利12％、６カ月定期が１％」といったような利率設定がごく当たり前に見られたのです。

　まず、この外貨預金の利率の見方について説明します。ここでは、以下のようなルールが設けられています。

「自動継続契約を前提とする」

「１カ月定期で12％の金利を適用するのは最初の１カ月間だけ」

「２カ月目からは別に定められている通常の店頭表示金利
（1.2％）が適用される」

つまり、この外貨預金に１年間預ければ最初の１カ月は「１％分の利息」、残り11カ月は「0.1％×11＝1.1％分の利息」で、合計2.1％分の利息が付くのです。「年利12％の１カ月定期預金」だからといって「１年で12％の利息が付く」わけではないのです。

ともあれ、最初に預けた時には１カ月間だけ「年利12％」というとてつもない高金利で計算された利息が支払われるのです。これをどう理解すればいいのでしょうか。

（2）短期だからこそ金利が高くても負担は軽い、という理屈

これは結論から言うと「短期だからこそ金利を高く設定できる」ことを示しています。つまり、この米ドル定期預金の例では「１カ月間だけ利息を付ければいいのだから、年利では12％といううんと高い利率を適用しても懐は痛まない」というのが、この外貨預金取り扱い金融機関の論理なのです。

すなわち、ここでは「短期取引のほうが年率では高い金利を適用するのが合理的だ」という理屈が生きているのです。

これは、消費者金融ローンや商工ローンなどを想定すればわかりやすいでしょう。これらのもっぱら短期金融を扱っている世界ではごく当然のことなのです。

たとえば、町の中小企業の社長が「１年とか２年の長期ではな

く、月末をまたぐたった３日間だけしか借りないので、（年利ベースでの）金利を安くしてくれ」と交渉すれば、まず断られるに決まっています。

　貸し手の論理は「たかだか３日しか利息を取れるチャンスがないのだったら、逆に、年利での金利は高くなければ割に合わないんだよ」となります。

　金利には、「短期より長期のほうが金利が高い」という世界と「短期のほうが金利が高くて当然」という世界が同時並行的に存在しているのです。

　以下は半ば冗談なのですが、１カ月で１％の利息が付く「年利12％」をうたうくらいなら、「年利52％の１週間定期」とか「年利365％の１日定期」にすればどうでしょうか。もちろんそれぞれの利率が適用される期間は当初の１週間のみ、１日のみです。「年利52％」とか「期間限定で年利365％」と広告を打てばさぞや目立つでしょうね。閑話休題！

　なお短期金利と長期金利の関係については、p.220〜 p.225で詳しく解説しておきました。

第7章

この程度はマスターしておきたい
金利のデータ

① 金利の情報はどこで取るか

　国内外の金利動向をチェックするうえで、一番身近な武器は、やはり日本経済新聞でしょうね。

　毎週火曜日から土曜日まで、朝刊の中面に設けられた見開き２ページ分の「マーケットデータ」「マーケット総合」欄では、前日の株式市場、為替市場だけでなく、10年国債利回り、公社債店頭売買参考統計値、各種短期金利、先物取引金利など代表的な国内長短期金利の動向が一目でわかる内容になっています。

　また夕刊には、米国や欧州をはじめとする海外の金利動向も掲載されています（夕刊がない地域では、翌日の朝刊の「マーケット総合面」の下段に前々日の主要指標が掲載される）。

　より分析的な内容を読みたいのであれば、雑誌を利用するという手もあります。日経新聞の場合は、前日のマーケット動向を中心に記事が書かれているのに対して、雑誌は発行サイクルの関係から、速報性よりも解説、分析に力を入れた記事の作りになっています。

　週刊東洋経済や週刊ダイヤモンド、週刊エコノミストといった経済誌には、ほぼ毎回マーケットに関連する記事のほか、マーケットデータが表やグラフとして提供されています。「どうなったか」ではなく、「これからどうなるか」という視点でマーケット動向を見るうえで、雑誌の記事は参考になるはずです。

　また最近は、インターネットによる情報提供も充実してきています。情報量や速報性の点では、インターネットのほうが新聞、各種雑誌などよりもはるかに優れています。紙媒体である日経新聞を発行している日本経済新聞社でも、自社のwebサイトを通じて様々

なマーケット情報を流しています。また最近ではロイター、ブルームバーグといった海外のメディアが無償で提供するデータも格段に充実してきています。

　さらには、証券会社、FX（通貨証拠金取引）を扱う会社や投信会社、保険会社手引のシンクタンクに至るまで多種多様のサイトで無料のデータも利用できます。

　以下は、日経新聞のweb版です。無料だと日米の長期金利だけの金利情報しか取れませんが、web版の有料読者だと、それ以外の内外の短期金利や政策金利などの情報も、一覧表として見ることができます。

　なお、これ以外にもスマホ、パソコンからネット経由で金利情報にアクセスする方法がいくつかあります。巻末付録で主なサイトをご紹介しておきましたので、QRコードにスマホなどをかざしたうえで利用されることを是非おすすめします。

（出所）日本経済新聞　無料版　https://www.nikkei.com/markets/worldidx/

（出所）日本経済新聞　有料版　https://www.nikkei.com/markets/marketdata/bonds/

② 短期金融市場の 資金の繁閑を見る

短期金利を動かす要因は、景気や物価、為替、金融政策、その他にも様々ありますが、最終的にはこれらの要因によって、短期金融市場における資金の繁閑、とりわけ資金の運用と調達のバランスがどうなるかが、ポイントになります。

つまり、短期金融市場で資金を調達する動き（エネルギー）が強まれば、金利は上昇しやすくなります。逆に資金運用需要が強まれば、市場に流通しているマネーの供給量が増えて、金利は低下しやすくなるのです。

このような、短期金融市場に流通しているマネーの量、資金の繁閑の状態を把握するためには、「当座（準備）預金残高」、「資金需給予想」の2つのデータが参考になります。

たとえば日銀当座預金残高について。これは、金融機関が日銀に設定してある当座預金勘定に積み立てている当座預金残高を表しています。うち準備預金は、預金を受け入れている金融機関ごとに、預金の種類、残高などに応じて積立額が決められており、積立最終日は毎月15日と決められています。

つまり、毎月15日に向けて、金融機関ごとに割り当てられた積立額を達成すべく、日々、準備預金の積立を行なうのです（証券会社や保険会社は預金を取り扱っていませんが、日銀には当座預金口座を持っています。以上の預金取り扱い金融機関の準備預金等と、非取り扱い機関の当座預金残高を合わせて一般に「当座預金残高」と呼んでいます）。

〈短期金融市場〉

◇全国コール市場残高
（億円）　　　　　179688

◇日銀当座預金残高
（速報、億円、カッコ内は準備預金残高）
5506500（4824500）

◇資金需給予想
（億円）　　　25900不足

短期金融市場の資金需給が余剰なのか、不足なのかを表す。
余剰額が大きいほど金利は低下気味に、不足額が大きいほど
金利は上昇しやすくなる。

※上記図表の数値は参考例

■資金不足だと金利は上がりやすく

　この準備預金の額が、必要残高に対してプラスになっていれば、15日が近づいても資金調達を急ぐ必要がないため、短期金利の動きは比較的穏やかなものになります。逆に、15日に向けて不足額が大きいと、積立不足に陥っている金融機関はコール市場などから資金を調達し、それで積立を行なおうとするため、短期金利が上がりやすくなります。

　残る資金需給予想ですが、これは金融市場全体が資金不足になっているのか、それとも資金余剰なのかを表します。この数値は当日の予想値であり、この新聞が配布された日の資金需給がどうなるのかを予測したものです。が、日銀が前日に発表するこのデータはほとんどぶれません。ではこの資金需給はどんな原因によって変動するのでしょうか？

たとえばボーナス月には、企業が預金を取り崩して従業員にボーナス支給を行なうため、金融市場では資金不足に陥りがちです。逆にボーナス月の翌月には、ボーナスの一部が戻ってくるため金融市場では資金余剰になるなど、資金不足と資金余剰の時期を繰り返します。

　また月別だけでなく、1カ月間のなかでも資金不足の日や資金余剰になりがちな日があります。一般には月末は、多くの企業が決済を行なうために資金需要が膨らみます。これを受けて銀行預金を取り崩す動きが加速しがちなので、市場全体では資金不足になりがちです。当然、資金不足であれば短期金利は上昇しやすく、逆に資金余剰日であれば短期金利は低下しやすくなります。

　なお、日銀はこうした日々の資金過不足をそのまま放置しておくわけではありません。基本的にはその過不足を調整して、プラスマイナスゼロになるように調整するのが基本的なスタンスです。

　これを中立的な金融調整と呼びます。いわば「引き締めもせず、緩和もせず」です。専門的には「トントン」と呼びます(笑)。
では、金融引き締めや金融緩和時においては、日銀はこの市場でどのようなオペレーション（操作）を行なっているのでしょうか？

③ 短期金融市場の仕組みと機能

　ここでは、わが国の短期金利についての説明を行なう前に、その金利がどのような仕組みのなかで成立しているのかを知ってもらいましょう。

　そのために、短期金融市場、とりわけそのなかでも重要なインターバンク市場の成り立ち、仕組みを説明するとともに、日銀がどのようにこの市場を利用しているかをお話しします。

　期間が1年以下のお金の貸借が行なわれる市場を、短期金融市場とよびます。この市場は、参加者が金融機関だけに限定されているインターバンク市場（コール市場等）と、そのほか企業なども自由に参加できるオープン市場（国庫短期証券、CP＝コマーシャルペーパー等※）の2つに分けられます。

※CP＝コマーシャルペーパー：民間企業が短期の資金調達のために発行する無担保手形。債券や株式と同じように、いったん発行された後も、市場で自由に売買されています。

　短期金融市場は、わが国の金融市場の中核を占めるだけではなく、日銀の金融政策を敏感に反映するという意味できわめて重要です。いやそれ以上に、日銀はこの市場の仕組みを利用して様々な金融政策を実行している、といったほうがいいかもしれません。なかでも重要なのがインターバンク市場です。インターバンク市場でお金の貸借取引に参加できるのは金融機関だけです。

　インターバンク市場の中核にあるのが、コール市場です。これは「呼べば応える」といったくらいの意味であり、「お金の貸し借り

ニーズがあれば、それに応じてすぐにそれがかなえられる」といったくらいの意味です。

日銀が金融政策を行う表舞台がこのインターバンク市場です。参加者の一員として様々な操作を行なうのです。この点についてはすでに第5章8項で詳しく説明しておきました。次の項以降でご紹介する各種の金利情報を的確に把握するには、日銀の役割を正確に理解しておく必要があります。このためここでは第5章の説明と多少重複しますが、最重要な点だけをもう少し詳しく説明しておきます。

■主な政策は日銀の売りオペ、買いオペ

インターバンク市場では、預金量に比べ貸し出しが多いメガバンクが借り手（図では不足金融機関グループ）、逆に預金に比べ貸し出しが少ないために資金が余剰気味である地銀、信金などの中小金融機関が貸し手（同、余資金融機関グループ）として参加しています。

金融政策当局である日銀は、インターバンク市場での金利を一定の方向・ゾーンへ誘導することが容易にできます。なぜでしょうか？

日銀は、このインターバンク市場で行う操作（オペレーション＝オペ）を通じて、市場全体のお金の量を自在にコントロールできるからです。そのオペレーションの概要は以下の通りです。

日銀が、コール市場に参加する民間金融機関から国債を大量に買い上げたとしましょう（買いオペ）。その買い付け代金が金融機関に供給されます。具体的には、民間金融機関が日銀に設定している当座預金口座に、日銀は入金するわけです。これが「日銀が（金融市場に）資金を供給する」ということです。

そうすれば、多くの資金を得た民間金融機関は、コール市場から調達しなければならないお金はそれだけ少なくて済みます。すると、コール市場で取引される際につく金利＝コールレート（政策金利）は下がるというわけです。

　このように、日銀は直接コールレートをコントロールしているのではなく、金融市場の資金量をコントロールすることを通じて、その需給バランスをコントロールし、それがコールレートに反映されるという仕組みになっているのです。

　前述の通りコールレートが下がれば、ここで資金を調達している金融機関は、より低い金利でお金を調達できるため、企業向けの貸し出し金利も下げられます。つまり、産業界へよりコストの低い資金を貸し出せるため、企業の投資活動などを後押しできるというわけです。これが金融緩和の典型的なイメージです。

　日銀は2000年前後から今日まで、一貫して金融緩和政策をとっていますが、ここでは主に以上のような方法がとられているのです。

　本来日銀は、この金融市場で不足している資金を供給し、余っているお金を吸収して、過不足がない状態（これを専門用語で「トン

インターバンク市場を中心とした金融市場の成り立ち（再掲）

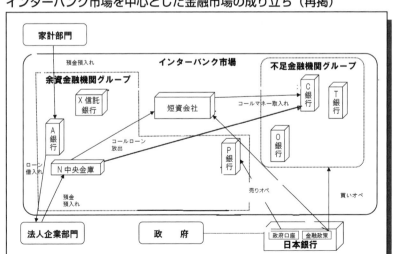

トン」と呼びます）に調整するのが基本です。

　しかし過去20年間にわたり、常にお金が余る状態に誘導し続けているのです。これが超金融緩和、別名異次元緩和と呼ばれている現行の政策の実態です。必要以上の通貨が供給されている状態は、水が器からあふれるイメージになぞらえ「ジャブジャブ」と呼ばれます。これも専門用語です(笑)。

　なお、図中「短資会社」とありますが、これは金融機関が互いに金融取引を行うに際して仲介を行うというやや特殊な業務を行なっている会社です。

④ コールレートなど インターバンクレートの見方

　期間１年以下の資金の貸し借りが行なわれる短期金融市場は、金融機関のみが取引できるインターバンク市場と、金融機関以外に一般事業法人や個人なども取引に参加できるオープン市場があります。コールレートは、このうちインターバンク市場における代表的な短期金利です。

　金融機関のなかには、大企業向けに巨額の貸し出しを行なっているメガバンクのように常に資金不足に陥っているところと、信託銀行や地方銀行、信用金庫などのように預金受け入れが相対的に多いため常に資金余剰になっているところがあります。インターバンク市場では、資金余剰である金融機関が、資金不足に陥っている金融機関に対してごく短期の資金を融通するという機能を果たしている金融市場です。

　このうちコール取引は、比較的期間の短い金融取引に適用されるレートであり、なかでも無担保コール翌日物金利が指標的な存在です。翌日物とは、借り入れた翌日には返済するというきわめて期間の短い金融取引のこと。

　また無担保とは、資金の貸借を行なうに際して担保を必要としない取引のことです。これが政策金利なのです。

　無担保コールに対して有担保コールもありますが、有担保の場合、資金の取り手（借り入れを行なう側）は資金の出し手（貸出しを行なう側）に対して、国債等を担保に差し入れたうえで資金の貸借が行なわれるものです。

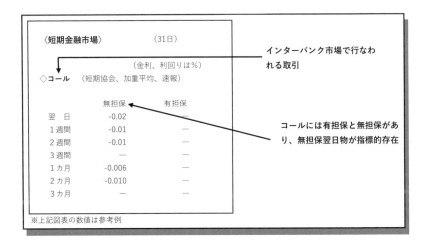

〈短期金融市場〉　　　　（31日）

インターバンク市場で行なわれる取引

（金利、利回りは％）

◇**コール**　（短期協会、加重平均、速報）

	無担保	有担保
翌　日	-0.02	—
1週間	-0.01	—
2週間	-0.01	—
3週間	—	—
1カ月	-0.006	—
2カ月	-0.010	—
3カ月	—	—

コールには有担保と無担保があり、無担保翌日物が指標的存在

※上記図表の数値は参考例

258

⑤ 新発10年国債利回りの見方

　マーケットデータ面のほぼ中央部には、新発（しんぱつ）10年国債の最終利回り（終値）が掲載されています。終値とは午後3時現在のデータです。

　日本相互証券とは、証券会社、大手金融機関などが大量の国債を頻繁に売買するに際して、その仲介役の役割を果たしている特殊な証券会社です。この証券会社が提供するシステムで成立する10年国債の利回りが、実はわが国の長期金利の核になっているのです。

　期間10年の長期国債は古くから、ほぼ毎月発行されています。もちろん、発行されて以降は銀行、証券会社、機関投資家などによって頻繁に売買が行なわれるのですが、実は発行に先立って（発行される前に）、大手金融機関によって売り買いが頻繁に行なわれているのです。

　もちろん売り買いが行なわれても実際にはまだ発行されていないため、受け渡しが行なわれるわけではないのです。発行日以降の日付で受け渡しが行なわれる（帳簿に記載される）のです。

■10年国債利回りがわが国長期金利の要

　実は、ここで成立する利回りが、わが国の長期金利の代表と目されている指標金利です。すなわち、フラット35などの住宅ローンの長期固定金利や期間1年を超える企業向け長期貸出金金利などに、きわめて強い影響力を持っています。

　従来はこの10年国債は、民間の金融機関などの売り買い注文によって形成される需給バランスに応じて、決まっていたのですが、近年では日銀が金融政策の一環としてこの市場に対して頻繁に介入

（買いオペ）しているため、結果的に日銀の強力なコントロール下
に置かれています。

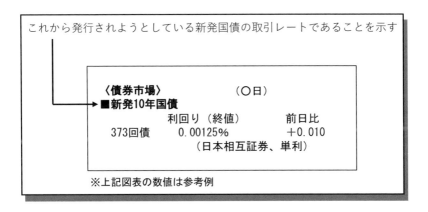

これから発行されようとしている新発国債の取引レートであることを示す

〈債券市場〉　　　　　　（〇日）
■新発10年国債
　　　　　　　　利回り（終値）　　　前日比
　373回債　　0.00125%　　　　＋0.010
　　　　　　　（日本相互証券、単利）

※上記図表の数値は参考例

⑥ 公社債店頭売買参考統計値の見方

　債券は、国債など東京証券取引所に形式的に上場されているものもありますが、実際にはその99.9％以上が店頭市場で取引されています。つまり、今日では証券取引所での債券の売買は、形骸化しているのです。

　公社債店頭売買参考統計値は、この店頭市場で取引されている債券の取引レート（気配値）を表しています。

　債券といっても、政府が発行している国債だけでなく、一般事業法人が発行している普通社債、地方自治体が発行している地方債、政府系機関などが発行している債券など様々な種類があります。

　日経新聞に掲載されている一覧表には、10数銘柄しか示されていませんが、これは紙面の都合上そうなっているだけで、実際には6,000銘柄以上の気配値、利回りが毎営業日公表されています。

　これは日本証券業協会の web サイトでその全容を知ることができます。

※気配値とは、実際に取引が成立したわけではないが、「この程度の価格、利回りだと取引されるだろう」と証券会社が考えているものです。つまり「気配」です。

　店頭売買参考統計値は、日本証券業協会が証券会社から、指定した銘柄について売買価格ならびに利回りの報告を受け、それを平均して算出します。いずれも、当日午後3時における市場の価格ならびに利回りデータが示されています。

■ **公社債店頭売買参考統計値**
（○日分、日本証券業協会、円。国庫短期証券の利回りは単利、その他は複利）

日本証券業協会が債券ディーラー
各社から受けた報告をもとに作成
されている。

店頭で取引を行なう場合は、ここ
に提示された利回りから一定以上
カイ離してはならないという決ま
りがある。

銘　柄	償還 年月	利率 （%）	平均値	平均値 利回り （%）
国　債				
国庫短期証券1063	22/6	—	100.01	-0.085
国庫短期証券1061	22/8	—	100.03	-0.083
国庫短期証券1069	23/2	—	100.06	-0.070
中　国434(2)	24/3	0.005	100.05	-0.020
中　国141(5)	24/9	0.1	100.29	-0.016
中　国145(5)	25/9	0.1	100.34	0.002
中　国150(5)	26/12	0.005	99.83	0.040
長　国348	27/9	0.1	100.24	0.056
長　国352	28/9	0.1	100.16	0.075
長　国356	29/9	0.1	99.92	0.110
長　国360	30/9	0.1	99.58	0.149
長　国365	31/12	0.1	98.90	0.214
超長国179	41/12	0.5	96.61	0.683
超長国(30)73	51/12	0.7	94.99	0.892
超長国(40)14	61/3	0.7	93.04	0.912

※上記図表の数値は参考例

海外金利の見方

　日本経済新聞の夕刊には、主要海外諸国の金利動向が掲載されています。

　まず「米国短期」ですが、ここには米国の短期金利のうち主要なものが掲載されています。米国の短期金利の指標となる「FF」とは「フェデラルファンド・レート」の略で、金融機関同士で行なわれる短期の金融取引の結果付いた金利のこと。

　日本のコールレートに相当すると考えていいでしょう。つまりFRB（連邦準備制度理事会）がコントロールしている政策金利のことです。

　「米国が利下げ（上げ）」といった場合には、このFFレートのことを指しています。

　さらには、海外の長期金利のなかで、その動向が最も注目されているのが米国の長期金利です。その指標となるのが10年国債の利回りで、「米欧長期」の欄に掲載されています。

　この米10年国債の利回りは、米国の株式市場に対してきわめて大きな影響力を持ちます。ということは、米国株式から影響を受ける日本株の動向を見るうえでも、絶対に外せない利回り指標です。

　日本の10年国債利回りと同じように、この金利が多くの金利に先行して動くほか、企業向け長期貸出金利や住宅、車などの購入に際して使われるローン金利に多大なる影響を与えるからです。実際2021年から急激に上昇した米国10年国債利回りの影響を受けローン金利が急騰、特に不動産、車などの売れ行きが鈍化してきています。

あるいは、為替相場をリアルタイムで観察し続けているFX取引を行う人たちの間では必須のデータでもあります。ドル円相場に対してきわめて大きな影響を与えるのが「（日米間の）内外金利差」ですが、この「内外金利差」は日本の10年国債利回りと、米国10年国債利回りの差を指すことが多いです。

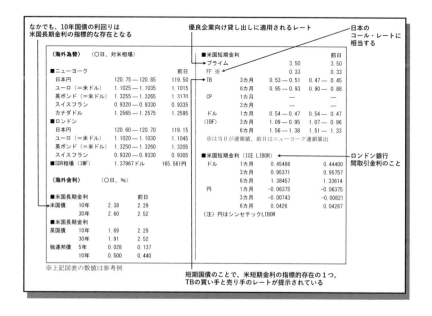

●コラム● 金融政策ヒモ理論

　金融関係者の間では「金融引き締めは効くが、金融緩和効果には期待できない」という見方があります。つまり金融引き締めと金融緩和は非対称だというのです。なぜか？

　5章（p.198）や本章（p.254）では、日銀が大量に買いオペを行って資金を供給したケースを紹介しましたが、逆の場合、つまり金融を引き締めるケースを考えてみましょう。

　日銀が保有している国債を民間金融機関に売って（売りオペ）、代金を民間金融機関の当座預金口座から引き落としたとします。間違いなく民間銀行の口座残高は減ります。つまり、企業や個人に貸し出せるお金が減るので、銀行は貸し出しには消極的にならざるを得ません。また、これに伴ってコール翌日物が上がりますから、銀行の貸出金利も上がり、それを嫌がって企業、家計は借り入れを減らします。つまり金融引き締め策は確実に効果があります。

　しかし、逆に日銀が民間銀行から国債などを買ってその代金を当座預金口座に払い込んだとしても、企業、個人が銀行から借りてくれなければ、貸し出しは増えない。あるいは金利を下げてもより多く借りてくれるとは限りません。つまり金融緩和政策では、その効果が上がるとは必ずしも言えないのです。

　子どもへの月々のお小遣いを1,000円から500円に減らせば、子どもは確実にお金は使えなくなります。しかし、2,000円に増やしてとしても、子どもは消費を増やすとは限りません。「いや、増えた分は貯金するんだ」っていえば、消費は増えない。「いまはお父さん景気が良く大判振る舞いだけど、景気が悪くなればお小遣いカットもあるからな」って子どもは考えるかもしれないからです。

　棒に結んだヒモを引っ張れば、必ず棒は倒れます。しかし、逆にヒモを緩めても棒にはその力は伝わりません。エネルギーの伝わり方が一方的なのですね。これが「金融政策ヒモ理論」なのです。

　そういえば、わが国では2013年から過去に例を見ない大々的な金融緩和を10年以上行なってきたにもかかわらず、景気が本格的に上向いたとはとても言えませんからね。

第8章

先物、オプション取引と言っても
それほど難しくないよ！

① そもそも先物取引ってなに？

(1) 先物取引の基本

　ここからは債券先物取引について、そのアウトラインを簡単に説明しておきます。先物取引とは「将来の特定の時点である具体的なものを決められた価格で売り買いする（ことをあらかじめ契約しておく）取引」です。

　では、そもそもなぜ先物取引といった、一見すると素人目には変則的な取引が存在しているのでしょうか。ごく簡単な例で考えてみましょう。債券ではなく金（きん）のを例にとったほうがイメージしやすいですね。

　たとえば「1年先に受け渡しを行うという条件だと金1キログラムが1,000万円」という値段（先物相場）が付いていたとしましょう。これは、「1年先に1,000万円を払って金1キログラムを買うという約束を今しておくことができる」ことを意味します。

　もちろん「1,000万円で買う」という契約を交わしているわけですから、この約束はその通り実行されます。実際に1年後になって「キロ当たり1,200万円に上がっているよ」という状況であっても「だって、私はすでに1年前に1キログラムを1,000万円で買う約束をしたのだから、その契約通り実行していただきますからね」となるのです。

　この先物取引は、いろいろな目的で利用できます。

　1つ目は、「1年先に金を買いたいけど、その時にうんと価格が上がっていれば予算が足りなくなるかもしれない」というケースです。これは買い手のニーズです。

　2つ目には「1年先に金を売りたいが、その時になってたとえばキロ当たり800万円というように暴落していたら困る」というニーズに応えることもできます。この時にはいまのうちに「1年先に1キログラムの金を1,000万円で売っておく」という契約をしておけば、1年先に800万円に下がろうと損はしないで済むのです。

　そして3つ目。「これから金の値段が上がると思うで値上がり益狙いで買っておきたい。でも、いま、十分なお金がないために買えない。だから値上がりしてもその恩恵には与れない」という場合にも使えます。

　たとえば、来年8月に1,000万円で買うという約束をしておいたあと、1カ月後になってその来年8月受け渡しでの先物の価格が1,100万円になっていたとしましょう。

　この場合、「1,000万円で買う約束をしておいた来年8月受け渡しの金」を1,100万円で売ればいいのです。正確には「売り戻す」のです。そうすると、その差額100万円の儲けが実現するわけです。

　1,000万円もの元手を必要とせず、100万円の儲けを手にすることができるのです。

　ただし以上は、実際には先物取引を行なう場合に必要な証拠金を勘案していない事例であることには注意してください。実際には金1キログラムだと数十万円程度の証拠金を差し入れる必要があります。これは「たしかに私はこの取引に責任をもちますよ」という意味合いを持つものです。しかし、実際に1,000万円という金の取引を行なうのに、その10分の1以下の金額を差し入れるだけでこん

な取引が可能になるわけです。

　一方、債券市況記事などで「債券先物取引で売りがかさんで続落したことから、現物市況も弱含み」といった記事が時折り見られます。これは、先物取引で成立した取引相場に釣られて、現物相場がこれに追随することを報じたものです。もちろんここでいう現物取引とは「取引契約を行なうと同時にお金と商品が交換される」という私たちが普通に行なっている取引のことです。

　先物相場が現物の相場に影響を与えるなら、わが国の金利の動きを読むに際しては、債券先物取引についての最低限の知識は持っているに越したことはありません。

　ごく、単純な例から始めてみましょう。

設例1

　現物価格が1,000万円、1年先物だと1,010万円で金1キログラムが買えるとしましょう。銀行の1年定期預金金利は3％です。さて、1年後に金を持っていたい場合、次のどちらを選んだほうがいいでしょうか。

①いま1,000万円を使って現物で金を買う。

②1年先に1,010万円で買う約束をしておくと同時に1年定期におカネを預ける。1年後にその満期金を使って実際に1キログラムの金を買う。

　さて、どちらを選択すべきか？

　ここに1,000万円のおカネがあります。いま、金の現物を1キログラム買うと手元資金はゼロになります。これが①。

　一方、1年先に1,010万円で買うという契約をするとともに、手元にある1,000万円を預金するとします。すると1年後には1,030万円になって戻ってきます。これで約束通り、1年後には1,010万円の金を

買うことができるのですから20万円のおカネが余ります。これが②。

　つまりこのケースでは、②のように１年先物の金を1,010万円で買ったほうが得なのです。

　言い換えると、１年先物の1,010万円という値段は、預金金利が３％である時には割安なのです。

　この場合、多くの人は１年先物の金を買うでしょう。そして現物の金への買いは減ります。つまり、先物が買われて高くなり、逆に現物は売られて安くなります。そして理論的には、その価格差は預金金利（３％）に等しくなるのです。

　もし現物の価格が1,000万円で変わらないとすれば、先物の価格は1,030万円になるのが合理的です。この場合には、以上①と②のどちらを選んでもその投資は同じ結果になるわけです。

(2) 基本は「現物価格＋金利＝先物価格」

　ここで、現物価格と先物価格の価格差を決めるのは、その時点での金利であることがおわかりだと思います。

　金利が高くなればなるほど、現物と先物の価格差は拡大するのです。つまり、先物の理論上の価格は次の式によって求めることができるのです。

$$先物価格＝現物価格 \times (1＋金利)^n \cdots ① \quad n：年限$$

　これがわかれば、次のような問いに答えることは難しくありません。

設例２
　本来なら３年先に支払いを受けることができる100万円の現在価値はいくらでしょうか。つまり、現在これを受け取るので

あればいくらであるのが合理的でしょうか。今後３年間、金利は３％で変わらないものとします。

これは、先の式①に所定の数値を代入すればいいのです。
現在価格を x とすれば

$$100 = X \times (1 + 0.03)^3$$
$$X = 91.51$$

すなわち理屈の上から言えば、91万5,100円のおカネを繰り上げて今払ってもらえばいいのです。
①の式を変形すると次のようになります。

$$現物価格 = \frac{先物価格}{(1 + 金利)^n} \qquad \cdots\cdots②$$

※以上の例は先物取引を行なう時には実際には必要な証拠金のことは一切考慮していないことに注意してください。

債券先物取引とは

　1985年に、東京証券取引所でスタートしたのが国債の先物取引です。わが国では、債券を用いた先物取引としては初めてのもの。それ以前の債券取引ではすべて、現物として売買することしかできなかったのです。

　現物の売り買いしかできない時には、大量に債券を保有する大手機関投資家、銀行などは、先行き債券価格が下落する（言い換えると債券利回りが上昇する）と予想しても、有効な防御策が打てなかったのです。

　このため、債券の先物市場が必要だとの声が日増しに高まっていったのです。前項で話したように債券価格の下落が予想される時には、あらかじめ先物で国債を売っておくことができれば、損失を防げるからです。

■債券先物取引の概要

　債券の先物取引は、金の先物取引など他の先物取引と基本的な仕組みは同じです。

　つまり、「将来の特定の日に、債券をあらかじめ定めた価格で取引するという契約を、あらかじめ決めておくもの」です。そして、その後、「反対売買が可能な最終売買日までだと、いつでも自由にすでに買い建ててある（あるいは売り建ててある）契約と反対の売買を行うことによって、手仕舞う（終わらせる）ことができる」のです。

　先物取引の最大の特徴は、いったん先物取引で買いあるいは売りを行なったあとでも、その後の価格の動きを見ながら随時その反対

の売り買いを行なって手仕舞うことができるという点です。

「手仕舞う」とは、「出した手を引っ込める」。つまり「先物で買ったら、反対に売り戻してチャラにする」「売ったものを買い戻してチャラにする」というくらいの意味です。この時、その反対売買によって売り、買いの差金だけの受け渡しを行なえばいいわけです。これを差金決済と呼びます。

たとえば、2月時点で6月20日期日の先物を98円で購入し、その後3月になった時99円になったらそこで売るという反対売買を行なうと、この差額の1円だけを受け取ることになります。つまり、いったん98円で購入するために必要な金銭を用意することなく、差金だけの受け渡しでいいのです。

ただし、取引所が定めた一定の証拠金（後述）が必要なことはもちろんです。先ほど金の先物取引の例で説明したとおりです。しかし、実際にその債券を現物で買う時に比べれば格段に軽い負担で済むことは、金などの先物取引と同様です。

■売買取引の仕組み

わが国の国債の先物取引のうち取引所に上場し、実際に行なわれている取引は、長期国債先物取引、中期国債先物取引、超長期国債先物取引の3種類ですが、取引の対象になるのは現存する具体的な銘柄ではありません。「標準物」と呼ばれるものがそれです。標準物とは、長期国債先物の場合には期間10年、中期国債先物は5年です。

では、架空の銘柄を取引対象として実際に売買する時にはどうするのでしょうか。もちろん現実には存在しない抽象的な銘柄を、受け渡すことはできません。そこで実務的には、たとえば長期国債先物の場合には、受け渡し適格銘柄を期間7年以上11年未満の具体的な銘柄のなかから選定し、その銘柄を実際に受け渡しするのです。

債券先物の取引要綱

	中期国債先物	長期国債先物	超長期国債先物
取 引 開 始 日	1996 年 2 月	1985 年 10 月	2014 年 4 月
取 引 対 象	中期国債標準物 （クーポン3%、 残存5年）	長期国債標準物 （クーポン6%、 残存10年）	超長期国債標準物 （クーポン3%、 残存20年）
受 渡 対 象	残存期間4年以上 5年3カ月未満の 5年利付国債	残存期間7年以上 11年未満の 10年利付国債	残存期間19年3カ月 以上20年未満の 20年利付国債
取 引 限 月	3・6・9・12月 から3限月	3・6・9・12月 から3限月	3・6・9・12月 から3限月
受 渡 期 日	3・6・9・12月 の20日	3・6・9・12月 の20日	3・6・9・12月 の20日
取 引 最 終 日	受渡期日の 5営業日前	受渡期日の 5営業日前	受渡期日の 5営業日前
取 引 時 間	8：45～11：02 12：30～15：02 15：30～翌日5：30	8：45～11：02 12：30～15：02 15：30～翌日5：30	8：45～11：02 12：30～15：02 15：30～翌日5：30
取 引 単 位	額面1億円	額面1億円	額面1億円
呼 び 値	額面100円当り 1銭	額面100円当り 1銭	額面100円当り 1銭
値 幅 制 限	通常値幅： 基準値段±2.00円 最大値幅： 基準値段±3.00円	通常値幅： 基準値段±2.00円 最大値幅： 基準値段±3.00円	通常値幅： 基準値段±4.00円 最大値幅： 基準値段±6.00円
決 済 方 法	1．転売または買戻し 2．最終決済（受渡決済）		
決済物件の 受　渡　し	受渡しに供する国債の銘柄は渡方（売方）の任意		

出所：①図説「日本の証券市場 2022 年」、②日本取引所グループのサイトを基に作成

この場合には価格が問題になりますが、標準もの（10年、6％クーポン）との期間、クーポンの違いによってあらかじめ計算された変換係数を用いて算出された価格（理論価格）によって具体的な銘柄の受け渡しが行なわれます。銘柄の選択権は売り手の側にあり、買い手は銘柄を指定することはできません。

　決済期日は3月、6月、9月、12月の各20日。実際に取引できるものは3限月後までなので、たとえば2月時点だとその年の3、6、9月の3通りの期限から期日を選べるわけです。

■証拠金

　国債の先物取引においては、株式の信用取引と同じように一定の証拠金が必要です。これは、先物契約を履行することを保証するという意味合いをもちます。

　証拠金には、取引所の会員である証券会社が取引所に差し入れる売買証拠金と、顧客が証券会社に差し入れる委託証拠金の2種類があります。以下は委託証拠金についての説明です。

　国債先物取引に参加するには、新たに先物売買を行なう都度、委託証拠金を証券会社に差し入れる必要があります。ただし、このすべてが金銭である必要はありません。一定部分は金銭であることが必要ですが、残りは国債、株券などの代用有価証券でも OK です。

　なお、たとえば先物で買った国債の価格が下落して評価上の損失額が発生した時には、所要金額を、新たに差し入れる必要があります。これを追証（おいしょう）と呼びます。株式の信用取引における追証（おいしょう）のようなものです。

■値洗い

　先物取引相場は原則として毎日成立しています。このため、日々の相場に比べてすでに先物で契約済みの取引価格がそれをいくら上回っているか、下回っているか（損益）を計算することになってい

ます。

　たとえば、ある顧客が先物を98円で先物買い（買い建て）したものが97円になっていれば、1円の損としてカウントされることになります。これを値洗いといいます。

　この値洗いによって算出された損益は、証券会社と顧客との間では計算上の損益（評価損益）として処理されます。評価損が出た時には、その額に応じて、証拠金を追加する必要があることは前に触れた通りです。

■決済の方法

　いったん買い建てあるいは売り建てした先物を決済するには、2つの方法があります。1つは買い建てたものは現物として引き取り、売り建てたものは現物を売り渡すという方法です。これをそれぞれ現引き、現渡しと呼びます。

　ただし、実際の債券先物取引では現物で受け渡しが行なわれることは多くはありません。実際には買い建てした先物に対してはその反対売買で売り渡し、売り建てしたものについては買い戻すという方法がとられます。この場合、その差金（損益）のみのやり取りでOK。これを反対売買による差金決済と呼びます。

　債券先物取引は金融機関、事業会社など法人投資家によって多く利用されていますが、その主たる動機は以下の通りです。

①保有債券の値下がりをヘッジする

　簿価96円の国債を額面100億円保有していたとします。いまなら96億円で売れるのですが、将来値下がりすることも考えられます。この場合、債券先物を98円で額面100億円分売っておいたとしましょう。

　その後、現物、先物ともに価格が1円下がったとします。つまり

現物が95円に、先物が97円にです。この時には保有債券は1億円の損失を被ることになります。ところが98円で売っておいた先物を97円で買い戻すと、先物では1億円の儲けとなります（98億円の売り→97億円の買戻し）。

　つまり、現物と先物とをならしてみると損得なしというわけです。もしこの場合、先物の売りを行なっていなければ、保有債券で1億円損しただけになります。

②購入予定債券の価格上昇をヘッジする

　購入を予定しているのだが、現在お金がないので、わずかな証拠金でまだ値上がりしていない債券先物を買っておくというもの、予想通り先物価格が上昇しお金が用意できたところでこれを現引き（具体的な銘柄を引き取る）する。

③近い将来の資金調達に際してのコスト上昇をヘッジする

　資金調達を予定している時期に合わせて債券の先物を売っておき、価格が下落（金利が上昇）してから買い戻すことによって収益を得る。これにより、金利上昇に伴う資金調達コストの上昇を穴埋めする。

④投機あるいは投資

　わずかな証拠金を差し入れるだけで先物を売り買いできることを利用して、先物の価格の変動を狙って値ザヤを得る。少ない金額で差益を狙うものです。

3 債券のオプション取引

　債券にはオプション取引という取引があります。これは「オプション（選択権）」という名で推測できる通り、「ある特定の資産を」「ある特定の価格で」「売る権利」あるいは「買う権利」自体を売ったり買ったりする取引のことです。

（1）オプション取引の例

　債券よりも株のほうがわかりやすいので、ここでは株を例に説明します。
　Ａ銘柄を500円で買う権利が50円で売られていたとしましょう。これは実際にＡ銘柄の価格（時価）がいくらであるかに関係なく、500円で買えるという権利そのものなのです。そして、その権利を行使できる期間が定められています（定め方は「一定期間内ならいつでも」という方式＝アメリカン方式と「ある特定の日だけ」という方式＝ヨーロピアン方式があります）。
　さて、ではこの権利を買ったとしましょう。今日を限りにこの権利を行使できなくなる日（権利行使最終日）に、銘柄Ａの価格いかんによってこれを買った人はどのような行動をとるかを考えてみます。

①時価が400円の時
　市場では400円で買えるものに「500円で買える権利」を行使する人はいませんね。この場合には権利行使はあきらめます。このため、この権利を買うために支払った50円は無駄になります。すなわ

ち50円の損失です。

②時価が550円の時

　時価550円の銘柄Aは500円で買えます。500円で買うと同時に市場時価の550円で売れば50円の儲けです。しかし、最初に50円のコストをかけて買ったのですから、全体を通して見ると損益はトントンです。

③時価が800円の時

　市場では800円で売られているものが500円で買えるのですから、「500円で買える」権利を行使するのは当然です。すなわち500円で買ってすぐに800円で売れば300円の儲けです。最初に負担した50円を差し引いても250円の儲けです。

　つまり、銘柄Aの時価が「権利行使価格＋購入に要したコスト」を上回れば、この権利を買った人は儲かるわけです。そしてそれは理論上無限大です。

　一方、銘柄Aの時価がどれだけ下がったとしても、被る損失は最大50円です。これ以上の損失を被ることはありません。これが最も基本的なオプションの仕組みです。

　以上の「500円で買う権利」はコールオプションと呼ばれます。すなわち「行使価格500円のコールオプションを50円で買った」のです。図に見る通り、時価が550円を上回ると利益はどんどん膨れ上がっていきます。

　一方、この人が「買う権利（コールオプション）」を「買った」ということは、逆から見ればこれを「売った」人がいるわけです。このコールオプションの売り手の損益線は図の通り、買い手とはまったく逆になります。利益は有限ですが、損失は無限大なのです。

オプション取引の損益線（コールオプションの場合）

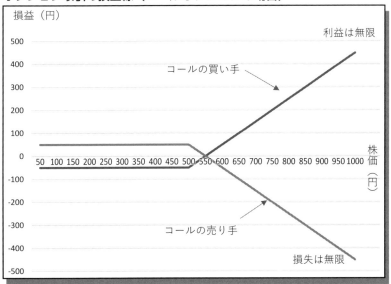

以上はコールオプション、つまり「買う権利」の売り買いでしたが、「売る権利」も取引の対象となっています。これをプットオプションと呼びます。このプットオプションについても「売り」と「買い」があります。

つまり、オプション取引に参加する立場には、コールオプションの「買い手」と「売り手」が、そしてプットオプションの「買い手」と「売り手」というように4つの立場があるのです。そして立場によって、その損益の構造はもちろん異なります。

以上の例では、コールオプションの買い手は「価格が上がるほど利益が拡大する」ということでした。逆に言うとコールオプションの売り手は逆に「価格が上がるほど損失は拡大する」のです。そし

てその利益と損失を合わせれば必ずゼロになります。

　一方、プットオプションの取引では以上のコールオプションの場合とは逆で、買い手は「価格が下がるほど利益は拡大し」、売り手は「価格が下がるほど損失が拡大する」のです。

　こうした仕組みを債券に導入したものが債券オプション取引です。現在この種の取引は、国債先物オプション取引として大阪取引所で行なわれています。

(2) オプション取引の取引動機

　その取引同期には様々なものがありますが、代表的なものは
　　・リスクヘッジ
　　・投機による利益の追求
です。

　将来、確実に手に入る資金で債券を買うことを決めている人にとっては、実際に買う時になってその対象債券の価格が上がるということはリスクです。この場合、あらかじめ先物でコールオプションを買っておけば、その債券がどれだけ値上がりしても、あらかじめ決めた価格で買えるのです。

　あるいは、手持ちの債券がこれから値下がりすると評価損が発生することを恐れている投資家は、先物で売る権利（プットオプション）を買っておけばいいのです。そうすれば、いくら値段が下がったとしてもあらかじめ決めた価格で売れるというわけです。

　あるいは「この銘柄は上がることはあるまい。下がるにきまっている」という予測に自信があるのだったら、投機的にコールオプションを売っておけばいいのです。その後予想通り価格がドンドン下がっていけば、これを買った人は権利行使しませんから、このオ

プションを売った時に受け取った利益をそのまま手にすることができるのです（p.281図のコールの売り手の損益線を参照）。

　つまり、オプション取引も前項の先物取引と同じように、リスクヘッジに使えると同時に、投機にも利用することができるというわけです。

●コラム●　オプション取引のルーツ

　一見複雑な取引のようにみえるオプション取引ですが、その歴史はとても古いのです。その始まりについては諸説ありますが、一般には古代ギリシャで、オリーブの大豊作を予想したターレスという哲学者が、オリーブの圧搾機を使う権利を買っておいて、大儲けしたのが始まりだといわれます。

　さらには、17世紀のオランダでチューリップの球根のオプション取引が行なわれたこともあり、すさまじいバブルが起こったことは有名な話です。ピーク時にはオプション取引価格が熟練した職人の年収の10倍というとてつもない高値を付けたことがあるといいます。ちなみにこれが記録に残る最初のバブル（投機バブル）だとされています。

　農産物という天候によって供給量が大きく左右される、つまり、価格が大きく変動する商品についてオプション取引が始まったというのは、この取引の本質に照らしてみると、ごく自然のことだと思われます。

巻末付録

債券・金利情報サイト一覧

　ここでは債券・金利情報のサイトをまとめてあります。活用してください

■日本国債の利回り推移（財務省）

https://www.mof.go.jp/jgbs/reference/interest_rate/index.htm

　最上部の「▶金利情報」クリックで、当月の国債の利回り推移一覧表を取得できる（年限別）。

　「▶過去の金利情報」からは1974年以降の利回り推移一覧を取得できる。日本証券業協会調べのデータによる。いずれも複利で表示されていることに注意。

■日本相互証券での業者間取引相場

https://www.bb.jbts.co.jp/ja/historical/main_rate.html

　証券会社、金融機関同士が国債の取引を行った結果ついた利回りの一覧。日経新聞他で報じられる日本国債の10年国債利回りは、このデータに拠っている。当月を含む過去3カ月分のみにつき、主要年限の国債の日々の利回りを公開。単利ベースで掲示。

■米国国債利回り推移

https://www.federalreserve.gov/datadownload/
Download.aspx?rel=H15&series=bf17364827e387
02b42a58cf8eaa3f78&lastobs=&from=&to=&filet
ype=csv&label=include&layout=seriescolumn&t
ype=package

　右下から以下のボタンをクリックすると、米国債の年限別の利回り（日次）のエクセルファイルが得られる。FRB の公式発表データがこれ。

　Direct download for automated systems（自動化システムの直接ダウンロード）

■日米欧など主要国の政策金利の推移（外務省）

https://www.mofa.go.jp/mofaj/area/ecodata/
index.html

　「▶主要経済指標（PDF）」⇒ファイル取得。長期金利、政策金利につき、月次ベースでの推移がコンパクトにまとめられている。金利情報以外にも、世界主要各国の各種主要経済、マーケットデータあり。

■日本の長短プライムレートの推移（日本銀行）

https://www.boj.or.jp/statistics/dl/loan/prime/
prime.htm/

日銀提供の、わが国主要銀行の短期、長期プライムレートの推移が日次ベースで1966年まで遡れる。

■日本の預金金利推移 （日本銀行）

https://www.stat-search.boj.or.jp/ssi/mtshtml/
ir02_w1_1.html

日銀のサイト。日本の普通預金、１年定期預金の店頭表示金利（主要銀行の平均）の推移がわかる。「データコード」中のグラフのアイコンをクリックするとグラフが立ち上がる。毎週月曜日基準（週次）

■日経新聞 （無料版） の金利情報

https://www.nikkei.com/markets/worldidx/

内外の株式、為替、債券・金利、商品市況につき、毎日、最新のデータを一覧表で掲載。債券・金利については、日米欧の長期金利のみを掲載。

■日経新聞 （有料版） の金利情報

https://www.nikkei.com/markets/marketdata/
bonds/

　ログインすると、日米欧他主要国の長短金利、政策金利の最新データが掲示。日米欧の長短金利についてはその推移がグラフで示される。

■ Bloomberg（ブルームバーグ）提供の世界の最新金利

https://www.bloomberg.co.jp/markets/rates-bonds

　世界のマーケットデータをフォローする Bloomberg の債券・金利の総合サイト。国名タブをクリックすることで、各国のより詳細な最新の金利データが取得できる。

■ REUTERS（ロイター）提供の最新の債券金利サイト

https://jp.reuters.com/markets/bonds

　「概要」では主要国の10年国債利回りが示されるだけだが、国名をクリックすると、各国の詳細な長短金利についての最新データ取得可能。

　本サイトは、データのほか、債券、金利をめぐるニュースを同時に掲載しているのが特徴。

■著者のサイトから

http://data.s-kadokawa.com/
http://data.s-kadokawa.com/?cid=1#data-pdf

　ダウンロード用 Excel データの「日次」「月次」ファイル中に日本、米国、ドイツ３国の期間10年の国債利回推移データあり（１週間ごとに更新）。

　金利の動きを、株価、為替などのほか、マーケットの動きとの関連で見ることができる。

＜著者略歴＞

角川　総一（かどかわ・そういち）

昭和24年、大阪生まれ。証券関係専門誌を経て、昭和60年、（株）金融データシステムを設立し代表取締役就任。わが国初の投信データベースを管理・運営。
マクロ経済から個別金融商品までにわたる幅広い分野をカバーするスペシャリストとして、各種研修、講演の他、FP等通信教育講座の講師としても活躍。
主要著書に、『誰でもわかる　商品先物取引』（ダイヤモンド社）『為替が動くとどうなるか』（明日香出版社）、『金融データに強くなる投資スキルアップ講座』（日本経済新聞社）、『景気　金利　株　物価　為替の関係がわかるマーケットの連想ゲーム』『なぜ日本の金利は常に米国より低いのか』（共にビジネス教育出版社）『ニュースに出る経済数字の本当の読み方』（WAVE出版）等がある。

全訂版　なぜ金利が上がると債券は下がるのか？

2009年10月20日	新版第1刷発行
2021年7月15日	増補改訂版第1刷発行
2023年6月25日	増補改訂版第5刷発行
2024年4月20日	全訂版第1刷発行
2024年6月10日	全訂版第2刷発行

著　者　　　　角　川　総　一

発行者　　　　延　對　寺　哲

発行所　　　株式会社 ビジネス教育出版社

〒102-0074　東京都千代田区九段南4-7-13
TEL 03（3221）5361（代表）／FAX 03（3222）7878
E-mail▶info@bks.co.jp　　URL▶https://www.bks.co.jp

印刷・製本／シナノ印刷株式会社
装丁／目黒眞（ヴァイス）
落丁・乱丁はお取替えします。

ISBN 978-4-8283-1070-1

本書のコピー、スキャン、デジタル化等の無断複写は、著作権法上での例外を除き禁じられています。購入者以外の第三者による本書のいかなる電子複製も一切認められておりません。